本 1

中期経営計画が「つまらん!」

戦略的な〝動き〟は どこへ消えた?

フィフティ・アワーズ代表取締役
水島温夫
mizushima atsuo

言視舎

はじめに——この小さな物語を書いたわけ

▼中期経営計画がつまらん

はっきり言って、中期経営計画（以下中計と記述）は企業業績向上の役にはあまり立っていない。経営企画部の人達に怒られそうな話だが、35年間、日本企業の事業支援を通じて最近強く感じている。もちろん、中計は社内外に向けたマニフェストのようなもので、必要だけれども、その効果については大きく期待を裏切っている。

数値のみが独り歩きし、景気の追い風が吹けば達成し、逆風であれば未達成ということのようだ。大きく変革するはずだった既存事業の中身は一向に変わらず、また第二、第三の柱をつくるはずであった新事業開発もいつまでも小粒の新事業に止まっている。

経営企画部がいつも経営の教科書に従って、社内外の情報を集め、整理し、多くの会議に時間を費やして一生懸命に中計をつくっても、第一線の社員の動きは変わらない。「つまらん！」とはそういう意味だ。

〝形〟にとらわれて、中身が実態とかけ離れているのだろうか。第一線の社員の余裕がないからだろうか。それとも、本社経営企画部門が信頼されていないのだろうか。あるいは、米国流教科書通りにつくっても日本企業にフィットしないのだろうか？

いずれにせよ、同じようなやり方で次期中計をつくっても、再び、「つまらん！」中計をつくることになってしまうことは明らかだ。

▼〝動き〟のマネジメント

思い切って、日本企業の経営を違う角度からみて、頭の整理をすることによって世界の中で存在感のある企業へと一歩踏み出すことができるはずだ。

この小さな物語で伝えたいことは、方向付けやビジネスモデルなどの〝形〟より、〝動き〟のマネジメントが日本企業にとっては生命線だということだ。企業は人なりということは世界共通で異論を唱える人はいない。だからこそ、日本企業もリーダー人材育成、グローバル人材育成に躍起になっている。ここで、チョット考えて欲しい。たしかに、企業は人なりで間違いはないのだが、さらに一歩突き詰めて考えれば、その人が何をするのか、どう行動するのかがすべてだ。第一線の社員が社外の人から、「ずいぶん変わったね」と感心されなければならない。企業の業績を左右するのは、直接的には社員達による、日々のおびただしい数の〝動き〟の結果であり、中計や人材育成はそのための手段と考えても間違いではなさそうだ。

この小さな物語の主題は〝動き〟だ。〝動き〟をもっと直接的に活性化、差別化、そして選択と集中をすれば世界を相手に十分戦えるはずだ。日本企業に残された選択肢は他社以上の絶えざる〝動き〟で進化・変化を創出して、世界の競合と戦うことだ。

この〝動き〟に注目することで、日本企業の大きな潜在力と可能性について、頭の整理をすることもできそうだ。

▼次期中計を〝動き〟でつくる

この小さな物語では〝動き〟をど真ん中に置いて次期中計をつくることを提案している。教科書どおりの従来の中計は数値目標、成長分野や市場への集中、儲かるビジネスモデルの構築の3つを軸につくられている。その中計を咀嚼して、それぞれの部署、社員が個々の具体的な行動に落とし込む前提でつくられているのだが、実際は行動に落とし込めていない。だから一向に変わらない。

従来〝動き〟は戦略の一段下の位置づけだった。報連相やＰＤＣＡなどのように多くは社員の日常プレーとして位置づけられてきた。また、中計実現のための行動は各部門、部署に丸投げされていた。

日本企業の体質や事業文化、組織文化、それに何より忙しい長時間労働が中計の具体化に向けての行動を邪魔している。このような、日本特有の経営環境を前提にしなければ動かない。どうすれば〝動き〟が活性化するのだろうか。

〝動き〟を一段上の戦略経営のまな板の上に置くしかない。

次期中計では、抽象的な方向やビジネスモデルを示すのではなく、予めエッセンスとしての戦略的かつ具体的な〝動き〟を直接中計に組み込んでほしい。これで日本企業の〝動き〟が復活する。

いま、日本企業から元気が消えている。「つまらん!」中計の下で、真面目で、指示待ち、受け身の集団になってしまっている。進化・変化のための能動的な〝動き〟が生命線の日本企業にとっては大ピンチだ。

小さくてもいいから世界の中で存在感のある企業であり続けて欲しい。

そんな思いでこの小さな物語を書いた。

この小さな物語を読むことで頭の整理ができるはずだ。そして、今までとは違う本当の元気と勇気が湧き上がってくることを大いに期待している。

▼この小さな物語の舞台

舞台は長野県にある従業員数300名、年間売上高150億円の精密機械部品メーカーだ。売り上げはやや持ち直してきているが、新興国メーカーの低価格品に押され売上、利益とも頭打ちになっている。新興国メーカーが台頭してくる以前は日本のセットメーカー向けに順調な業績を続けていた。今では、そのセットメーカーが新興国メーカーに押され、取引量が大きく落ち込んでいる。業界環境の激変、国内顧客の弱体化、熾烈な価格競争など、多くの日本企業が抱える問題点をこの会社も抱えている。

そんな中で、次年度からの次期中期経営計画を策定する時期が訪れた。

この小さな物語の登場人物を紹介しておこう。経営企画部長以下4名だ。

新任の経営企画部長は、生え抜きの45歳。元事業部副部長のBさん。現場経験も豊富で部下からも信頼されていた。自ら志願して経営企画部長に抜擢された。

企画課長のMさん。大学を卒業して商社に入社。その後、国内のビジネススクールでMBAを取得。5年前に30歳でこの会社に転職してきた。経営企画部に配属。米国流マネジメントの志向が強い。

入社4年目のS君。大学の商学部を卒業。大学時代は体育会系の剣道部に所属。剣道3段。社会人になってからは良く勉強している。

入社2年目のCさん。大学は地球物理専攻。小学校までドイツで生活していた。極めてロジカルな発想。何事もはっきりさせる性格でかわいい顔をしながらズバッと言い切る。

さあ、この4人の経営企画部の物語を始めよう。

目次

1. 〝動き〟で世界に勝つ！

何とかして社内に漂う閉塞感を打破したい。選択肢は一つしかない。進化・変化を生み出すスピードで、当社は世界の競合に勝つ！

1.1 儲かる気がしない、だから元気が出ない！

新任の経営企画部長以下、4人が次期中期経営計画づくりのための最初のミーティングを始めたところだ。なぜか雰囲気が沈滞していて明るくない。そんな中で、B部長が話を始めた。

B：「次期中計づくりもいいが、何か最近社員というか当社全体に元気がないように感じるのだが、君たちはどう思う？」

リーダー格のM課長はすぐに反応した。

M：「確かに元気がないように思います。市場シェアを伸ばせれば利益率も高くなるのですが。そこに至る経営戦略が明確でないから不安なのではないでしょうか」

若手のS君も続いた。

S：「個人単位の仕事が多くて、一丸となるとか、チームで頑張ることが少なくなりました。一人ひとりが孤立して元気が出ない。一人ではがんばれない」

Cさんは二人の答えとは別の視点で問題の本質に鋭く切り込んだ。

C：「元気の出ないのは、競合他社に勝てる気がしないからではないですか？　特に最近は国内だけでなく海外新興国との競争で負けています。勝てる気がしないのに元気が出るわけがないと思います」

B：「なるほど、勝てる気がしなければ元気が出ないのは当然だ」

部長はこの単純な答えが気に入った。Cさんはさらに続けた。

C：「勝てないだけなく、いくらコストダウンしても儲かる気がしないこともあります。乾いた雑巾をしぼるだけでは儲かりません」

S君もつづいた。

S：「確かに、勝てる気もしなければ儲かる気もしない。ノルマばかりで先が見えないから疲れてしまう。同期会ではいつもそんな話ばかりだ」

それを聞いたM課長はB部長に向かって言った。

M：「だから、いつも私は当社には戦略がないと言っているのです。うちの経営陣は売上アップとコストダウンだけしか言っていない。あとは日経ビジネスの受け売りの説教だけなんだから」

M課長のことばに苦笑しながら、B部長は言った。

B：「私も皆さんと同じ感触をもっている。このままでは当社の将来は安泰ではないと思っている」

さらに、B部長は言った。

B：「皆さんが勝てそうにない、儲かりそうにないと感じているならば、きっと当社の事業の進め方に大きな欠陥があるということだ。ここで、一歩下がって、あるいは大所高所から、そもそも、なぜ勝てる気がしないのか、なぜ儲かる気がしないのかについて、突っ込んで議論してみたいと思うのだが、どうかね」

望むところだとばかりにM課長も賛成した。

M：「いつも、もやもやしたまま、高付加価値化だの選択と集中だのと一般的な戦略用語を散りばめた計画をつくってきました。決してごまかしではなかったけれど、本当に得心した計画書ではなかった。ここで、自分自身も一度頭の整理をしてみたいと思います」

メンバー全員が頷いた。

□年度
当社には
経営戦略がない
会社に元気がない
なぜ勝てない？
なぜ儲からない？
ノルマばかりで
先が見えない
勝てる気も儲かる気もしないのに
元気が出るわけがない

1.2　規模、システム、ブランドの壁がある

経営企画部長以下、メンバーは、一体なぜ勝てる気がしないのか、儲かる気がしないのかの議論を始めた。

M課長が言った。MBAで十分鍛えられた戦略論には自信がある。

M：「中国のハイアールは家電製品ではやたらと強い。規模の力で価格競争に勝てる。経営戦略も規模拡大のスピードということで迷いがない。わが社は規模での勝負はできない」

B部長は頷いて言った。

B：「確かに、世界で元気な企業の多くは規模の利益で業績を伸ばしている。経営戦略の定石のひとつだ。しかし、当社は規模の勝負はできないし、するべきではないと思っている。リスクが大きすぎる。従業員や取引先の家族を路頭に迷わせるわけにはいかない。ほかに当社が生き残れる道を探さなければならない。この点が今回の中計づくりの大きなテーマでもある」

S君が言った。

S：「アメリカのグーグル社はネットワークビジネスで世界最強です。ネットワークとか

システムづくりをしてその胴元になって儲けている。羨ましい限りだ。巨大なシステムを創ってしまえば自動的に儲かる。残念だが、わが社はネットワーク力とかシステム構築力で世界と戦う人材も、自信もない。システムでの勝負はできないように思えます」

S君の真剣な説明を聞いてB部長は言った。

B：「当社もシステム化による高付加価値化を戦略として掲げているが、単品志向が強くて、一向に軌道に乗らない。絵に描いた餅になっている。S君の言う通りシステム構築力では勝てそうもない」

次に、高級ブランド品に目がないCさんが言った。

C：「フランスのヴィトンはうまいことやってますね。ブランドの力でいつも業績がいい。日本が好調な時はヴィトンの世界売り上げの60％を日本人が買っていたそうです。私も協力してました。今は中国や、インドなど新興国の富裕層が買いまくっているそうです。当社もブランド力があれば楽に儲けることができるのですが……」

S君が自嘲的に言った。

S：「こうしてみると、当社は規模も小さく、ブランド力もあまりない。システム構築力にしても三流レベルなのに、結構がんばって、一生懸命生き残ってきた。大したものですね」

B部長は真面目な顔つきで言った。

B：「当社だけでなく多くの日本企業は同じようなものだ。そんな日本企業が一時世界のGDP2位まで登り詰めた理由は何だろうか。そこに、次期中計づくりの大きなヒントがあるように思える」

M課長が言った。

M：「確かに、戦略が明確ではない。わたしもそこが嫌いで当社の経営は三流だと経営陣にガンガン言ってきたわけです。しかし、部長の言われたように、どこがダメなのかではなく、なぜ今まで成長、存続しつづけることができたのか。そして、今、なぜその存続に危機感を持っているのかを整理してみる必要がありそうですね」

Cさんが続けた。

C：「わたしも、ブランド力、システム構築力、規模以外の勝ち方、儲け方があるように思います。当社のような規模でも元気な会社はたくさんあります。一度、経営の教科書から離れて、自分の頭で、自分のコトバで整理してみたいです」

ブランド
システム
規模

1.3 日本企業が勝てるのは第4ゾーン

B部長が言った。

B：「勝てる気がしない、儲かる気がしないということを議論するのにわかりやすいチャートがある。あるセミナーでもらってきた図だ。世界の企業の生存領域が鮮やかに描かれている。このチャートで当社のポジションを明確にすることができるかもしれない」

B部長は自分のパソコンから「世界の企業の生存領域」というタイトルのパワーポイントを開いて、プロジェクターをつかって、スクリーンに映し出した。

B：「縦軸は量産品か非量産品の軸だ。液晶テレビのように規格化された汎用品などは、一番下だ。高級ブランド品や、宇宙ステーションなどは非量産品というわけだ」

M課長が言った。

M：「なるほど、当社は部品事業で少量多品種生産ですから、縦軸では真ん中くらいにいるわけですね」

B部長はその通りという顔をして、続けた。

B：「横軸は製品、システム、サービスなどの複雑度だ。単純なものほど左、構成要素の大きいものほど右側に位置する。当社の製品は部品だから、真ん中より少し左に位置しているると考えられる」

S君は言った。

S：「ゾーンが4つに分かれていますね。3つがブルー（青）で、1つがレッド（赤）ですが、何か意味がありそうですね」

B部長は続けた。

B：「このような縦軸と横軸を設定すると、4つの大きなビジネスゾーンに整理することができる。そして、興味深いことに、それぞれの国や民族によって自分達が得意なビジネスゾーンと不得手なビジネスゾーンがあるのだ。皆さんが儲かる気がしないといっていたのは、当社をはじめとする日本企業が不得手なゾーンのビジネスということのようだ」

Cさんは身を乗り出して言った。

C：「部長、もっと詳しく説明してもらえませんか。こんなチャート初めて見ました」

M課長も言った。

M：「MBAのコースでもこんなチャートは学んでいません。おもしろそうですね」

B部長はつづけた。

B：「第1のゾーンはシステムづくりがポイントで、そのシステムが稼ぐゾーンです。航

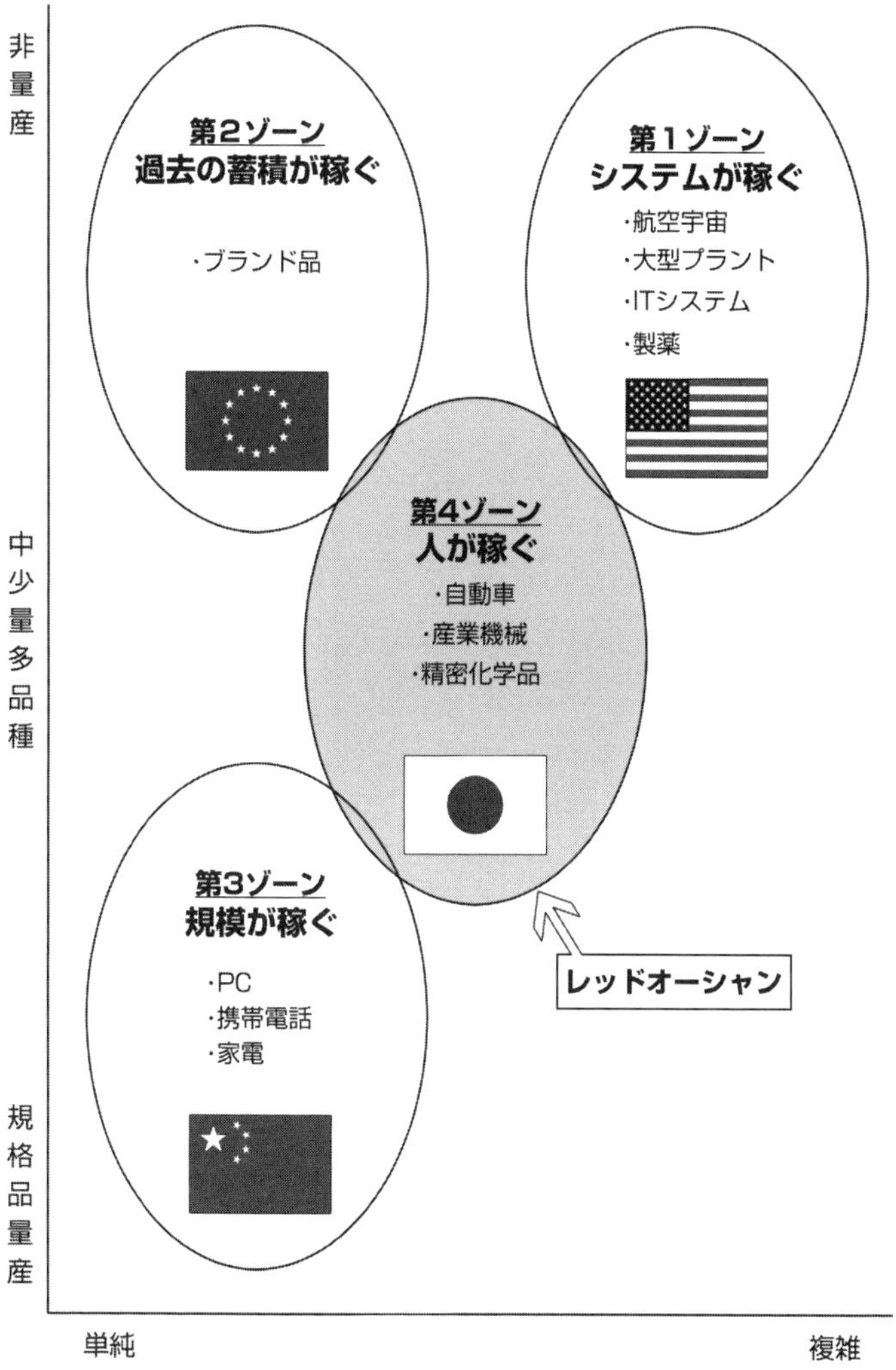

非量産
第2ゾーン
過去の蓄積が稼ぐ
・ブランド品
第1ゾーン
システムが稼ぐ
・航空宇宙
・大型プラント
・ITシステム
・製薬
中少量多品種
第4ゾーン
人が稼ぐ
・自動車
・産業機械
・精密化学品
第3ゾーン
規模が稼ぐ
・PC
・携帯電話
・家電
レッドオーシャン
規格品量産
単純
複雑

空宇宙、大型プラント、大規模ＩＴシステムなど、大型のシステム構築力で勝負が決まる事業群です。ここは米国がやたらと強い。グーグル、アマゾン、マスターカード、ＩＢＭ、エンジニアリングのベクテル社などいくらでも挙げることができる」

Ｓ君は笑いながら言った。

Ｓ：「なるほど、日本企業はこの第１ゾーンでは世界で全くと言っていいほど存在感がないですね。きっと根本的にシステム音痴なのですね。年金システムもグチャグチャだし」

Ｂ部長はつづけた。

Ｂ：「第２のゾーンはブランドが稼ぐゾーンです。ヴィトン、アルマーニなど高級ブランドでは欧州の強さが目立ちます。超高級マンションのシステムキッチンなどもドイツが覇権を握っています。15世紀のルネッサンス、その後の大航海時代から蓄積された富と生活の豊かさが基盤になっています。それらを一つのコンセプト、ブランドアイデンティティにまとめてビジネス展開することに長けた人々です。過去の蓄積が稼いでくれるゾーンでもあります」

Ｃさんは言った。

Ｃ：「くやしいですが、確かに、この第２ゾーンでは日本企業の世界における存在感はありませんね。豊かさの歴史に大きな差があります。バブル期にやっと豊かになったと錯覚しましたが、長くは続きませんでした。当分は勝てそうにありません」

B部長はさらに続けた。

B：「第3のゾーンは規模が稼ぐゾーンです。家電、パソコン、携帯、汎用メモリー等、大規模な生産設備や、販売サービス網がポイントとなる事業群です」

M課長は言った。

M：「日本も高度成長期にはこの第3ゾーンで世界を席巻し元気だったのですが、現在は新興国にそのお株を奪われてしまったというわけですね。中国、台湾、韓国、そして今後はインドや東南アジア諸国が日本に代わって覇権争いをするわけですね」

B課長は最後のゾーンの説明を始めた。

B：「第4のゾーンは、一生懸命人が稼ぐゾーンです。これを〝レッドオーシャン〟と呼びましょう。産業機械、OA機器、精密部品、デバイスなどきめ細かな少量多品種と、常に改良改善による性能アップがポイントとなる事業群です。個々は日本企業の強さがやたらと目立ちます。エレクトロニクス向けの精密化学品の分野では、何と世界の70％のシェアを日本企業がにぎっています」

部長はさらにつづけた。

B：「しかし、この第4ゾーンの特徴として、きめ細かな対応と絶えざる進化が要求されることから、営業、開発、製造の現場の人々の絶えざる知恵と汗の長時間労働で成り立っていることも事実です。人が稼ぐという意味はそういうことなのです」

Cさんは言った。

C：「つまり、第1から第3までは比較的楽をして儲けることができる、いわばブルーオーシャンで、当社がいる第4ゾーンは、従業員の涙と汗の結晶という意味でレッドオーシャンなのですね」

S君がつづけた。

S：「ということは、これからも当社で働く人は楽はできませんよ。レッドオーシャンで生き抜くことを覚悟しなさいということなのですか。夢がなさすぎる！」

部長は笑いながら言った。

B：「S君はストレートだな。確かに楽はできないレッドオーシャンだけれど、世界で勝ち残ることができるということは、今の厳しい生存競争の世界で有難いことだと思うべきではないだろうか」

メンバーは議論をやめて、ひとりひとりが自問自答した。「レッドオーシャンで生き抜け、楽はできない覚悟を持て。これが正解なのか？」

1.4 そうだ、絶えざる進化・変化を生みだす〝動き〟で勝てる

生存領域図の説明を聞き終わってM課長は言った。

M：「つまり、楽はできないけれど、世界で大きな存在感を示すことはできる。日本企業の中には第3ゾーンの価格競争の真っただ中で、打つ手がなく、どうすることもできない企業がたくさんある。彼らと比べれば幸せだと思えということですか？」

Cさんは言った。

C：「私はこのチャートは凄いと思います。私たちの会社が、大変だけれども顧客のニーズにきめ細かく、正面から向き合い、スピーディに進化・変化をすれば小粒でも世界の中で存在感のある企業になれるということを教えてくれている。もうダメだと思っていたのに、夢が出てきたじゃないですか」

部長は目を輝かせて言った。

B：「私も初めてこのチャートを見たときにハッとさせられた。今まで、当社ではコストダウンして価格で勝負しろ、ブランド力を上げろ、単品からトータルシステム化だなどと、言い続けてきたけれど、一向に具体化していない。きっとこれらは当社の体質に合わない

戦略なのだと。我々のコアコンピタンス、つまり強さの源泉は、唯一、顧客に顔を向けた〝絶えざる進化・変化〟なのだと」

M課長は言った。

M：「しかし、部長。MBAの教科書には、効率が悪くても個別対応をしろとは書かれていませんよ。むしろ、規格化、標準化を強力に推進して、さらに品種を絞り込んでロットをまとめて効率的なビジネスをしなさいと教えています。このことについて、どう頭を整理すれば良いのでしょうか？　混乱しています」

部長が待ってましたとばかりに説明をはじめた。

B：「パソコンビジネスを例に考えてみよう。初期の機能性能がどんどん進化していた時代、NECの98など、日本企業の存在感は抜群だった。それが、市場が拡大し、ウインテル（ウインドウズのソフトとインテルのプロセッサー）が標準搭載されて、規格化、標準化されると、デルコンピュータや台湾メーカーに主導権が移った。日本企業の存在感は全くなくなってしまった。欧米型のビジネスモデルに引き込まれた瞬間に日本企業の競争力は消えた。つまり、欧米の教科書を勉強するのは良いが、その通りにしても勝てないということだ」

Cさんは言った。

C：「つまり、当社は進化・変化のスピードで勝つ以外に方法はない。だから、その一点では国内はもとより、海外の競合他社に絶対に譲ってはならないということですね」

部長は大きく頷いて言った。

B：「我々はレッドオーシャンでしか生き残れない。つまり常に他社以上に製品やサービスを進化・変化させていかない限り滅んでしまうということだ。逆に考えれば、進化・変化の火を絶やさなければ、世界で必要とされ、存在感のある企業であり続けることができる」

S君は乗り出して質問した。

S：「部長、レッドオーシャンだけで生きていくのは、あまりにも大変で、夢がないのではないでしょうか。そんな戦略には社員は、特に若手はついていかないのではないかと心配です。ブルーオーシャンは捨てるのですか？」

M課長がS君に向かって、しかし話しながら自分の頭を整理するかのように話した。

M：「いや、ブルーオーシャンを捨てるわけではない。空調機のダイキンはレッドオーシャンで製品と技術を絶えず進化・変化させて磨いてきた。その技術を武器に、第1ゾーンのシステム空調に強いオイリー社を買収して取り込んだ。また、中国の最大手格力電器社と合弁会社をつくり低価格ゾーンも取り込んで好調だ」

ブルーオーシャン
壁を越えないの？
ブランド
システム
規模
進化・変化のスピードでレッドオーシャンで元気に生き残る！
レッドオーシャン

Cさんは完全に納得し、弾んだ声で言った。

C：「レッドオーシャンを深掘りして、逆にブルーオーシャンも取り込むわけですね！」

2. 行動の差別化

当社は進化・変化を生み出す〝動き〟で国内と海外の競合に勝てる。であれば、進化・変化を絶えず生み続ける行動の差別化こそが、当社における戦略の中核でなければならない！

2.1 しかし、〝動き〟がない！ 変わる気がしない！

絶えざる進化・変化が当社の生命線ということに納得したメンバーはさらにミーティングをつづけた。

部長が言った。

B：「絶えざる進化・変化が当社の生命線だということは間違いなさそうです。進化・変化に向けて皆さんと一緒に効果的な中計をつくっていきたいと思っています。そこで、まず現在の中計について、その反省点も含めて皆さんの率直な意見、感想を聞きたいと思うのだが、まずは、Cさんから話してもらえるかな？」

日本の会社ではいつも若手から意見を言わせる習慣がある。落語でいえば前座から真打というところだ。欧米では上司から先に考えを述べて、それに対する意見を求めるのだが……とCさんは思いつつ意見を述べた。

C：「中期経営計画というのは、企業でいえば3年間の企業活動のバイブルのようなものだと思うのですが、社員の皆さんはあまり重要視していないみたいに感じます。3年目に入っていますが、中計に沿って動いているという感じはしません」

B：「なぜ、社員は動かないのだろうか。この前の中計も企画部では大変なエネルギーを使って策定したのでしょ？」

その通りとばかり、S君は3年前のことを思い出した。

S：「その通りですよ。私なんか入社して1年経ったばかりで、右も左もわからない中で走り回っていました。最後のほうは徹夜までしました」

今度はM課長が待ってましたとばかり、なぜ、中計は軽く見られているのかについて一気に持論を語り始めた。

M：「米国企業では経営トップが中計の実現を株主に約束し、内部的にはトップから始まり、第一線の社員まで与えられた責任と権限を全て使って、中計の実現を約束します。実現しなかったら、クビか降格です。コミットメントというやつです。日本の企業でいうコミットメントは最大限努力しますという意味ぐらいです」

なるほど、と頷きながらB部長はさらに問いかけた。

B：「トップダウンとかボトムアップというのは企業のマネジメントスタイルで、すぐに変えることなどできそうもありません。次期中計も、わが社はトップダウンでないことを前提として、しっかり実行に向けての行動が活発に出るものをつくりたいということになりますね。次期中計をつくっても社員が動かなければ変わらないのだから」

Cさんは B部長のコトバを咀嚼するように繰り返した。

C：「中計をつくっても、社員が動かなければ変わらない」

動く、動かないという話を聞きながら、M課長はMBAコースのことを思い出した。

M：「ミシガン大学のノエル・ティシュという教授のゆでガエルのたとえ話が当社にもあてはまります。カエルを熱いお湯に入れると、これは大変だということですぐにジャンプして逃げ出すけれど、初めは水の入ったお鍋に入れて、ゆっくりと温度を上げていくと、カエルはまだ大丈夫と我慢をし続けます。いよいよ耐え切れなくなって飛び出そうとするのですが、もうその時は足の筋肉が利かなくなって、飛び出せずにゆでガエルになってしまうという話です。わが社も今動かないとゆでガエルになってしまいます」

わが社も今動かないと
ゆでガエルになってしまう
?

2.2 たしかに〝動き〟を殺すことばかりだ

中計を作っても、社員が中計の実現に向けて活発に動かない。なぜ、社員が動かないのだろうか？　B部長は議論を先に進めた。

B：「中計をつくっても、社員が行動に移さないのはなぜか？　Cさんどう思う」

また私からか、と心でつぶやきながら話し始めた。

C：「それは、社員が動きたくてもいろいろ制約が多くて。特に内部向け資料づくりなどで忙殺されています。内向き作業でパンパンです」

B部長がS君のほうに目を向けたので、S君は同期メンバーの飲み会でのことを話した。

S：「このまえ、営業部署に配属された同期のメンバーは、最近やたらとCS（カスタマー・サティスファクション）だのコンプライアンスだのと内部資料づくりが多すぎる。頼むから営業本来の仕事であるお客様への提案書づくりなど、〝お客様に向かった行動〟に時間を多くとらしてくれと本気で叫んでました」

いつもマネジメント層に不満を抱えているM課長は言った。

M：「上司が部下に具体的な行動を指示するのではなく、中計の総論をそのままスルーパスしている。欧米企業ではあり得ないことですよ」

話を聞いていたB部長は、頷きながら言った。

B：「私も事業部の副部長をやっていた時に、中計の基本認識や、今後の方向性については当たり前というか、異論はなかった。本音で言えば、売上と利益の数値目標だけがすべてで、あとはそれに向けてひたすら頑張る。頑張って達成しなかったら、できない理由を並べて謝る。こんなスタンスだった」

B部長はさらに、付け加えた。

B：「それから、コンプライアンスだ、CSだ、ISOだと、横文字の管理方式が次から次へと本社から指示がくる。なかには、本当に意味のあるものもあるが、多くは形式的でやること自体に意味があるといったものだ。そのための資料作成量が半端ではなかった。だから、S君の話はとてもよくわかる。理屈の上では正しいから誰も〝適当に〟やれとは言えない。どんどんエスカレートしていって社員から外向きの動きを奪っている」

部長は中計に対する不満を一通り聞いたところで、さらに続けた。

B：「がんじがらめで、動かない理由はたくさんあるようだが、もう少し違った視点でなぜ動かないかを考えてみたいと思うのだが、何か本質的に動かない原因があるような気がする」

Cさんがボソっと言った。

C：「中計の目標が数値以外はアバウト過ぎて、行動シナリオがつくれないのではないですか？　総論はわかるけれど、個人個人がどう動けば良いかについては何も書かれていない。皆、忙しいルーチンワークに逃げ込んでいます。そのほうが確実に結果が出るから」

M課長が続けた。

M：「欧米企業の中計は目標とする実現可能な〝形〟と、そこに至るシナリオが明示されているから、社員はそのシナリオに沿って動けばいい。しかし、当社の〝形〟はアバウトでシナリオもないから、自分達でトライアンドエラーの行動をしなければならない。でも上司は失敗するなと言う。これでは動かない」

S君が言った。

S：「アメリカ企業の開発部門では、チャレンジしなさい。そして早く、たくさん失敗しなさいといわれるそうです。逆に日本企業では、チャレンジしなさい。そして、絶対に失敗するなと言われるわけです」

部長は思った。当社が勝ち残るためには、〝動き〟を組み込んだ中計をつくらなければ何も変わらないと。

内部資料づくりが多すぎる！
“お客様に向かった行動”を
させてくれ！
ISO
コンプラ
CS
内部資料
作成

2.3 教科書の中計は三角形、これからは立体的に三角錐

部長は言った。

B：「当社にとって『絶えざる進化・変化』が生命線であることはわかった。次期中計もそのための動きを誘発、加速させるようなものでなければならない。現在の中計の中身をもう一度見てみよう。M課長、どうかね？」

現在の中計策定のメンバーであったM課長は言った。

M：「現在の中計をつくるときに最も時間をかけたのは売上と利益の数値です。各製品部門の責任者と事前擦り合わせをして右肩上がりの数値を設定しました。事業環境は厳しいのはわかっていたのですが、現状維持の数値では頑張りがきかなくなるのが心配で高めに設定したわけです」

S君が続いて言った。

S：「どの製品分野や市場領域に経営資源を集中させるのかについては、単に医療関係などの成長分野、アジアの成長市場ということしか記述されていません。あとはそれぞれの製品分野の責任者に丸投げです。選択と集中がなさすぎると思います」

M課長も部長に訴えるように言った。

M：「ビジネスモデルも曖昧です。MBAコースで学びましたが、GEやスリーエム社のような高収益を維持している企業のビジネスモデルは単純で明快。外から見てもよくわかります。当社の経営陣はビジネスモデルという概念を全くお持ちでないように思えます」

Cさんは言った。

C：「つまり、数値以外については、一般論、総論を並べているだけで、当社ならではの中身は何もないということですね。でも、当社だけが異常なのではなく、他社も大体同じようなものですよね。おもしろい話があります。化学業界の団体で、メンバーの出向元の各社の中期経営計画を集めて、その企業名と固有な商品名を黒く塗りつぶしたんです。それらをメンバーに見せて、どれが自分の会社のものか当てさせたら、ほとんど同じ中身だったので、わからなかったそうです。嘘みたいなホントの話です」

部長は言った。

B：「皆さんが指摘した通り、当社の中計の存在理由が問われているわけですが、数値や製品・市場の選択と集中そしてビジネスモデルをしっかりつくれば済むことなのだろうか？　チョット考えてみましょう。M課長、君はどう思う？」

M課長はMBAコースで学んだこともあって自信を持って言った。

M：「中期経営計画、特に事業戦略に関しては、達成すべき利益、そのために必要な売り上げ規模を設定します。そして、次にそのために必要な市場、製品分野の選択と集中を徹底的に行ないます。利益の出ない製品や、効率の悪い市場への資源投入は中止、または撤退します。さらに、利益が確実に得られるビジネスモデルを詳細に設定します。

この3つを明確にすることと、それらを互いに連動させることで、企業は高収益化します。当社の場合、数値だけで、他の2つが曖昧です。したがって、3つの要素が連動もしていません。戦略計画とは言えません」

Cさんは言った。

C：「つまり、簡単に言えば、中計はまず、売上や利益額、利益率などの数値の〝大きさ〟を決めて、つぎに、それを実現する製品、市場、技術など〝戦う土俵〟を選択し、集中させ、さらに3つ目として、ビジネスモデルという儲ける〝しくみ〟を明確にすればいいわけですね」

部長はその通りという顔をして言った。

B：「そうなんだね。教科書に書いてある欧米式の中計のつくり方は、〝大きさ〟と〝戦う土俵〟と〝しくみ〟の3つが連動して明確に設定されていることが必要なんだね」

S君がわかったという顔をして言った。

S：「なるほど、そうかわかった。当社の次期中計では〝大きさ〟としての売上、利益数値はいつも通り明確にするとして、あと〝戦う土俵〟とビジネスの〝しくみ〟を明確にすればいいわけだ。〝大きさ〟と〝戦う土俵〟と〝しくみ〟を頂点とする三角形をつくればいいわけだ。現在の中計はきれいな三角形になっていない。ブヨブヨだ」

M課長が続けた。

M：「いつも私が経営陣に言い続けてきたのはまさにこのことです。しっかりした三角形をつくらなければ戦略的な中計とは言えませんと。部長、次期中計はこの線でぐいぐい進めましょう」

Cさんは首を傾げながら言った。

C：「欧米の企業なら、三角形の中計をつくればいいのでしょうが、当社は明確な三角形をつくっただけでは動かない気がします」

「なぜ、動かないと思うのかな？」と部長は言った。

Cさんは一つひとつ言葉を噛みしめるように言った。

C：「だって、当社は他社以上の進化・変化で勝つしか道は残されていないわけですよね。そのためには他社以上のトライアンドエラーとか試行錯誤の行動が求められるわけですよね。だから、そういう〝動き〟が他社以上に活発になるような中計が必要ですよね。とすると、教科書に書いてあるような一般的な中計なら他社と〝動き〟で差がつきません。だったら三角形じゃダメじゃないですか」

部長は目を輝かせながら言った。

B：「それでは、Cさんはどうすれば良いと思う？」

Cさんは再び自分に言い聞かせるように言った。

C：「〝大きさ〟と〝戦う土俵〟と〝しくみ〟という3つの目標だけでは不十分で、もう一つ何か〝動き〟の目標があれば良いのではないでしょうか。トライアンドエラーによる進化・変化を加速するような〝動き〟です」

S君は言った。

S：「三角形ではなく、4つの頂点をもつ立体的な三角錐のテトラパックみたいな中計をつくればいいわけだ。二次元から三次元へ進化するということか」

部長は言った。

B：「〝大きさ〟、〝戦う土俵〟、〝しくみ〟に加えて〝動き〟の4つについて明確な目標設定すれば、当社は勝ち残れるということですね。今までの中計の考え方とは大きく変えるわけだ。面白い」

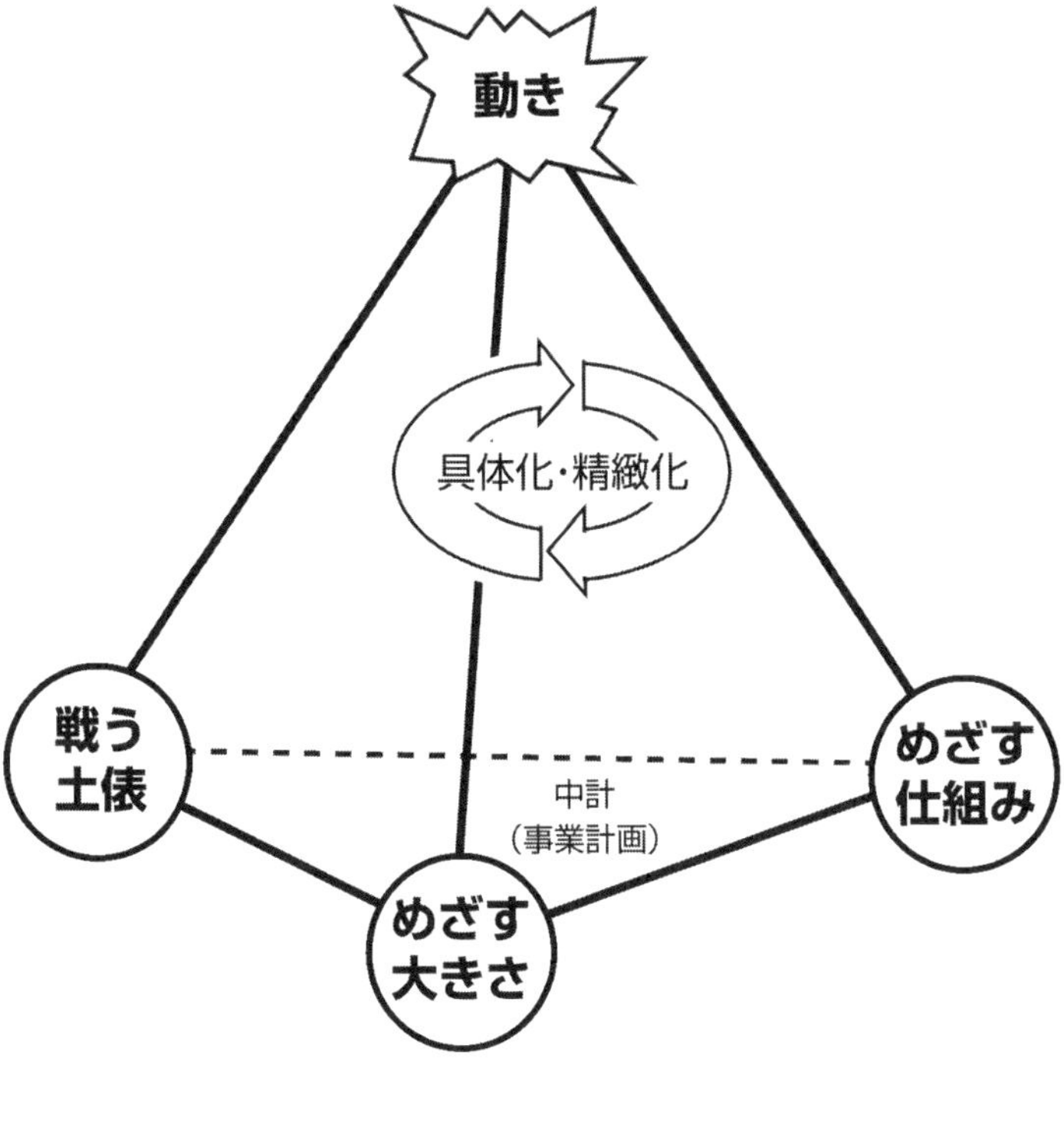
動き
具体化・精緻化
戦う
土俵
めざす
仕組み
中計
（事業計画）
めざす
大きさ

2.4 そうだ、〝形〟でなく「〝動き〟先にありき」の経営だ！

部長は言った。

B：「三角形ではなく、三角錐という立体的な中計をつくるというイメージは何か納得できるような気がする」

M課長も言った。

M：「定石としての三角形をベースに、当社、あるいは多くの日本企業に共通するかもしれませんが、〝動き〟の差別化を頂点とした三角錐のイメージに違和感はありません」

Cさんが言った。

C：「私も違和感が全くありません。逆になぜ違和感がないのか不思議でなりません。世界の企業の常識としての三角形ではなく、なぜ〝動き〟を頂点とした三角錐がフィットするのか？」

部長は言った。

B：「確かに、なぜ違和感がないのかを納得することは重要だ。直感的に三角錐だと言っても経営陣も社員も納得しない。そもそも中計とはトップから第一線の社員まで、さらに関係者の共有化のためにつくるものだから、納得性は最優先させなければならない。三角形なら世界標準のやり方ということで納得してもらえるけど、三角錐となると話は別だ」

S君は自信なさそうに言った。

S：「何となくですけれど、欧米の経営スタイルと日本企業の経営スタイルの違いからきているように思うのです。日産はゴーン社長が来てから欧米型経営に転換したわけですが、リバイバルプランなど中計を精緻につくって、そこに至るシナリオも明確に示していますよね。そして一気にトップダウンで具体化していったわけです。そんな会社の中計と、当社のような現場主体で集団で動かしている会社の中計と違って当たり前なのではないでしょうか」

M課長は言った。

M：「欧米型経営スタイルはまず先に明確な目標を立てて、それを精緻な形にして、それぞれの部分に役割分担して、そこに権限と責任を明確にして任せます。トップから第一線まで個人として責任を全うすることをコミットメントと言って、責任が未達の場合は降格、左遷は当たり前というわけです。当社は責任と権限が明確でないし、降格、左遷もないし、緊張感がありません。楽と言えば楽ですが」

部長は言った。

B：「要するに、欧米の経営スタイルは、『〝形〟先にありき』の経営といっていい。これに対して、日本企業の経営は『〝動き〟先にありき』の経営だ。すでに議論した〝形〟とは三角形のことだ」

「もう少し、わかりやすく説明してもらえますか」とCさんは言った。

部長は続けた。

B：「日本の企業の多くは、目標とする〝形〟がアバウトだ。当社の現在の中計もそうだし、他社も似たり寄ったりだ。数値はこうあって欲しい数値、決して必達ではない、ビジネスモデルも曖昧、戦う土俵も全面展開だ。つまり、形がないといってもいいくらいだ。それでは、日本企業の経営スタイルの強さの本質は何かと言えば、QCサークル、報連相、一丸となった行動、顧客へのきめ細かな対応など、〝動き〟だ。極論すれば、戦略は動いた後の〝あとづけ〟で整理しているに過ぎない。〝動き〟こそ我々の本質と言って間違いはないだろう」

Cさんは言った。

C：「何となくわかる気がします。〝形〟がないと動けない欧米の人々に対して、〝形〟がなくともヘッチャラで動ける日本の人々には、企業のマネジメントスタイルでも大きな違

日本は
“動き”で勝負

欧米は
“形”で勝負

いがあるのですね。

だったら、なぜ日本企業は自分達にフィットしない〝形〟で中計をつくりつづけてきたのでしょうか？」

M課長が言った。

M：「何でも欧米式を取り入れてきた日本だから不思議はない。でもフィットしないものは、まさに形だけで中身は適当にごまかしてきた。中計づくりもその典型的なものだったというわけだ」

S君は言った。

S：「部長、納得です。〝動き〟の差別化を頂点とした三角錐で行きましょう。理論武装もできました。〝形〟でなく、〝動き〟で勝負する中計をつくりましょう」

3. 行動の選択と集中

そもそも忙しすぎることが問題の根幹にある。全社員が持っている多忙という免罪符が日本企業を弱体化させている。戦略的な行動の選択と集中という視点が日本企業を強くする。

3.1 忙しすぎる！ 忙酔病だ

S君が言った。

S：「進化・変化のスピードとその行動が生命線、中計に〝動き〟の差別化を組み込むことは納得しました。しかし、現実を見て欲しい。まえにも言った通り、営業も設計も、工場もパンパンで、進化・変化のための〝動き〟など無理だ。目の前のお客様対応とか、課題の対応で精いっぱいだ。さらに報告書、コンプライアンス関係など内向きの作業で疲れている。中計で行動の差別化を組み込んでも、物理的に無理です。そう思いませんか？部長」

部長も頷いて言った。

B：「わたしも事業部の副部長だったとき、なんでこんなに毎日忙しいのかと感じながら中計の数値目標達成に向けて忙しくしていた。なぜ、日本企業はこんなに忙しいのか。頭が悪いのか、段取りが悪いのか、過剰に対応するためなのか？」

さらに、部長は続けた。

B：「忙しいと管理職も社員も忙酔病にかかってしまう。忙酔病というのは、目の前の課題や顧客の要求に対応していつも忙しい状況がつづくと、本来先を見て手を打っておくべきことがあるにもかかわらず、十分仕事をしているような錯覚に陥ることです。日本企業は皆忙酔病だ」

Cさんは言った。

C：「なぜ、日本企業の従業員は皆忙しいのですか。やはり、進化・変化を生み出すために、多くのトライアンドエラーをしているからでしょうか？　この先、楽になることはないのでしょうか？」

部長は答えた。

B：「日本企業の従業員は今までも、今も、そして今後も決して楽になることはないでしょう。なぜなら、基本的にはレッドオーシャンでしか生き残ることができないからです」

S君は言った。

S:「なんだか、夢のない話ですね。日本企業で働く限り、忙しさから脱却できないというのは。今忙しくても将来は楽に儲けられるというのであれば頑張れますが……」

部長はファイルから一枚の図を取り出して説明しはじめた。

B:「これは、ポリプロピレンという合成樹脂の品種の数を示している。日本企業が作っている品種の総数は1万種類ある。一方、海外企業が生産している品種は全部合わせても200種類しかない。日本企業は個別のお客様の要求に応じて、製品をカスタマイズしているから1万種類にもなる。海外のメーカーは規格品を大量に生産して、カスタマイズしないで売っている」

S君は言った。

S:「単純に1万を200で割ると、50になる。つまり、日本企業は50倍のきめ細かさで顧客に対応しているということですね。なるほど、これでは営業も技術者も海外企業に比べて50倍忙しいわけだ」

部長は言った。

B:「S君の言うとおりだ。ある化学会社の役員が明確に言っていた。『私たちは製品を売っているのではない、技術サービスを売っているのだ』と。だから、世界で高いシェアを獲得している。しかし、やたら忙しい」

M課長が言った。

M：「私がMBAコースで学んだ経営戦略では、顧客に個別対応して、人件費をかけて対応していいのは、大規模で付加価値の高いビジネスに限られるとされていました。でも、現実に日本企業は、それほど付加価値のないところで、手間暇かけて売っているわけですね。戦略の定石からはずれています。もっと、海外の企業が進めているように、品種を絞り込んで、一品種当たりの数量を増やして、個別対応をやめれば、楽をして儲けることができるはずです」

M課長の発言にまたMBAの教科書の受け売りだなと思いながら、Cさんは言った。

C：「そんなことは、私でもわかっています。でも当社の現実は、品種を半分くらいに絞り込んでも、またいつの間にか品種が増えています。頭ではわかっていても、実現できない」

５０倍の顧客対応・顧客サービス

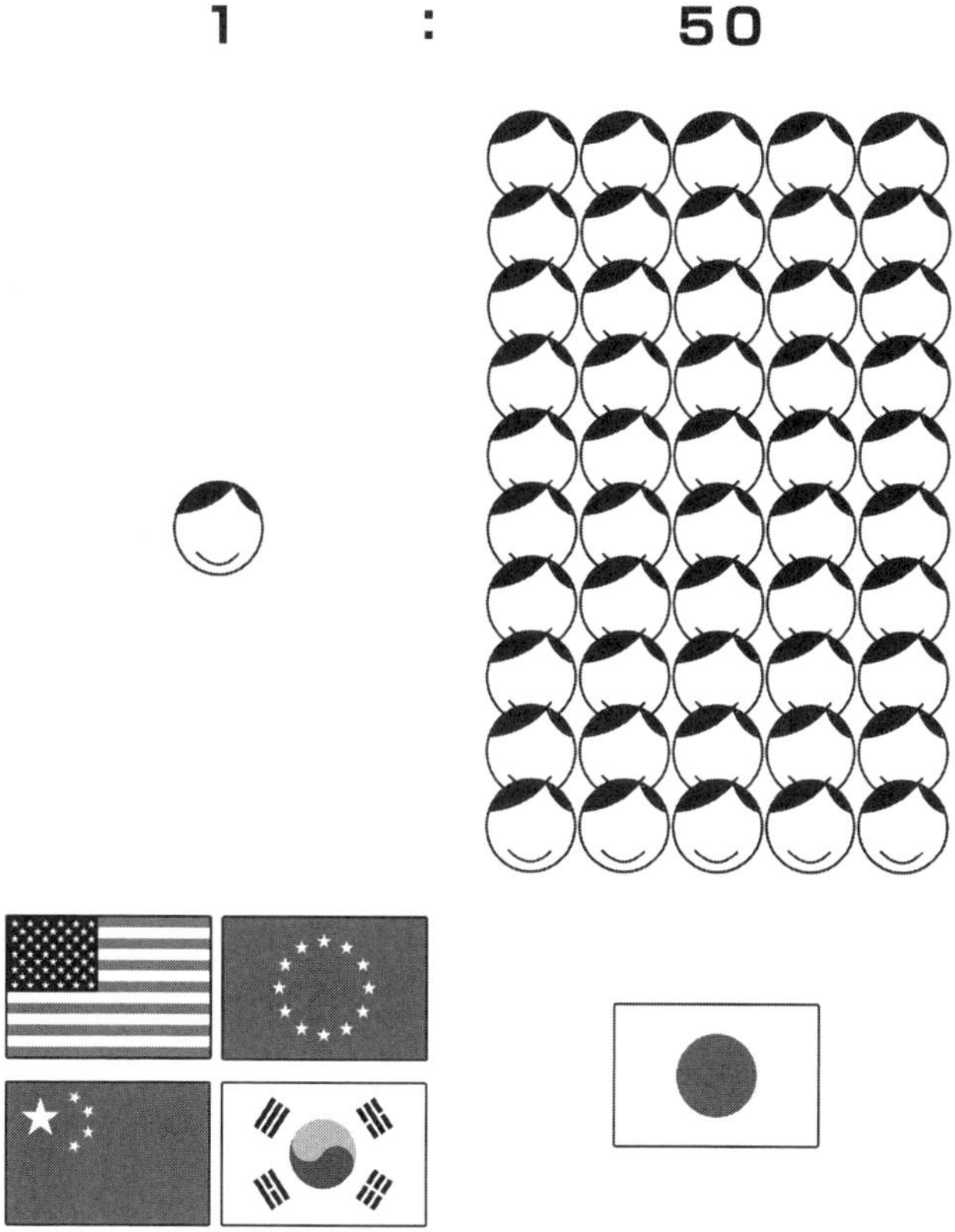

3.2 目の前のお客様、課題に——一生懸命の本能がそうさせる

部長は言った。

B：「Cさんの言う通り、経営陣も社員も頭ではわかっているが、実際にはそのように動けない。その現実に目をつぶって、同じような中計をつくっても当社の業績は向上しない。なぜ、教科書通りの戦略的かつ効率的な経営ができないのか。その本質を見極めない限り、ごまかしの中計ということになってしまう」

M課長は言った。

M：「たしかに、これまで当社も欧米流教科書に従って、いろいろ制度を取りいれてきたが、いつのまにか形骸化している。その反省もしないでさらに新しい制度を取り入れているる。どうも日本企業には、戦略的経営とかシステム的経営というのはフィットしないのかもしれませんね」

Cさんは言った。

C：「日本の人達って計画をしっかり立てて、それを大切にして具体化するという行動モデルはとりませんよね。いつも、走りながら考えるとか、とりあえずやってみるとかして、

バタバタやっているのが活動的な良い姿として称賛されますね。じっくり計画を立てていると、早くやれと上司から横やりが入ることはいつものことです。日本組織の本能というか、だから中計をつくっても、それを大切に具体化するということにならない」

部長は言った。

B：「Cさんの本能という指摘は納得性がありますね。私は、日本企業の本能、本質といってもいいかもしれませんが、そんなものが強く残っていて、欧米型の経営を頭では志向しても実際の行動に落ちないというジレンマを抱えていると思っています」

M課長は部長の「本能」という言葉に強く反応した。

M：「部長、日本組織の本能とおっしゃいましたが、具体的には？」

部長が言った。

B：「3つあると思います。1つは『目の前のお客様に一生懸命』です。お客様は神様とばかり、何でも言うことをききます。ここを直してほしいと言われれば、お客様ごとに個別に対応します。すぐ持って来いと言われれば、すぐに作って届けます。CSということで360度なんでも顧客満足のために東奔西走します。コストを考える前に体が反応して動いてしまうのです」

S君は言った。

S：「確かにそうですね。私の同期の営業マンが以前一度、顧客要求に対して、大幅コストアップになるから、ここまでやらなくてもいいのではないですかと上司にいったところ、怒鳴られたそうです。理屈抜きでした」

部長は続けた。

B：「本能の２つ目は、『目の前のブツを磨き続ける』ことです。ブツだけでなくサービスも磨きつづけます。結果として、世界一の品質立国ができたわけです」

S君は言った。

S：「ということは、日本企業は戦略的に高品質なビジネスをつくったというより、本能的にそうなったということですね。戦略より本能優先ということなんだ」

部長は続けた。

「３つ目は『情報何でも共有化』です。長時間の会議も情報共有化のための現象のひとつです。メールでやたらとCCが多いのも日本企業の特徴です。全ての情報を共有していないと不安なんです」

Cさんは言った。

C：「いま部長が挙げた３つの本能は全部多忙に直結するものばかりですね。そのことが世界でも珍しいレッドオーシャンで元気に生きている日本企業の本質ということですね。

日本企業の本能

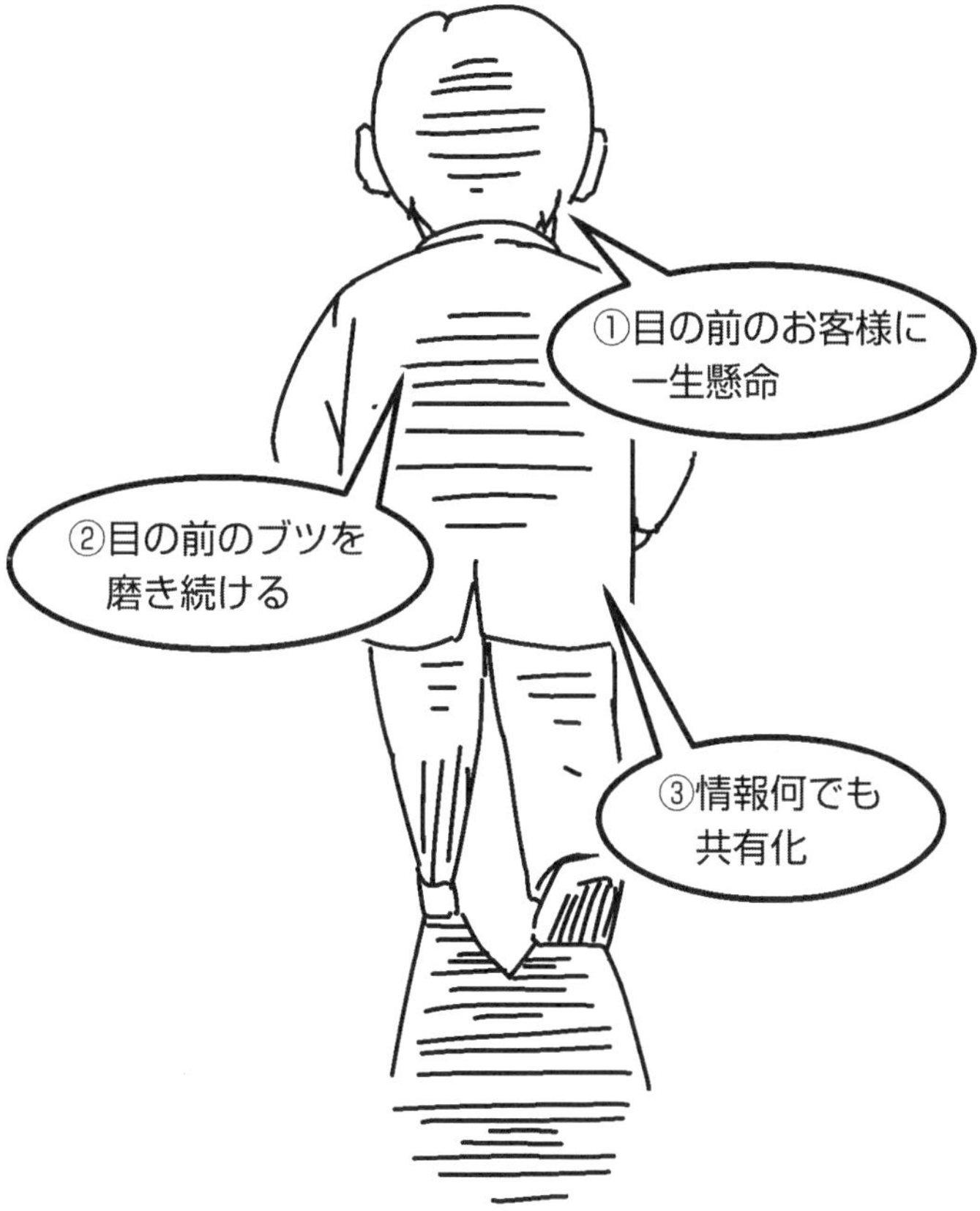
①目の前のお客様に一生懸命
②目の前のブツを磨き続ける
③情報何でも共有化

そして、部長が言いたいことは、本能には逆らえないから、それを前提として、多忙ではあるけれど高収益で元気の出る中計をつくれというのですね」

部長は初めて笑みを浮かべながら言った。

B：「その通り！」

3.3 戦略的な〝動き〟は6つある

部長は言った。

B：「今までは日本企業の本能に従って動いて成功した。こんな小さな国がGDP2位まで上り詰めたのだから成功といっていいだろう。しかし、限界に来ている。超多忙という限界だ。進化・変化のスピードで勝ち続けるには、この超多忙を何とかしないと日本企業は衰退してしまう。すでに、衰退してしまった企業も多い」

M課長は言った。

M：「つまり、本能に従ってただ動くのではなく、『戦略的に行動の選択と集中』をしなければならないということですか？」

S君は言った。

S：「製品や事業の選択と集中ということは聞いたことがあるけれども、行動の選択と集中というのは初めてです。イメージが湧きません」

Cさんは言った。

C：「つまり、部長が言いたいのは、事業領域や製品領域が拡大したことと、さらに顧客ニーズが多様化、深化した結果、顧客対応の限界にきているわけですね。その場合、製品や事業の選択と集中ということもあるけれど、行動自体が今は全方位的だから、それを戦略的に絞り込めば、ある限度の忙しさの中で十分戦えるということでしょうか？」

部長は言った。

B：「その通りだ。今までの議論を整理すると、残念ながら当社の中計は役に立っているとは言えない。欧米型の〝形〟を真似てつくってきたが、現場では数値だけしか見ていない。誤算の理由は、〝形〟をつくれば変わるという、欧米企業のやり方で通用すると思っていた。しかし、〝形〟をつくっても変わらなかった。当社を変えるためには〝形〟ではなく〝動き〟という軸で中計をつくる必要がありそうだ。

さて、その〝動き〟を見てみると、すでにパンパンで社員は超多忙の状態に陥っている。〝動き〟にメスを入れて、整理して、〝動き〟の選択と集中をすることで、超多忙から脱出できる。〝動き〟に余裕ができることで、進化・変化のスピードを上げ、世界で存在感のある高収益企業になれる、という筋書きだ」

M課長は言った。

M：「〝動き〟とか、〝行動の選択と集中〟、というのは素晴らしいキャッチコピーですね。次期中計づくりの方法について、だいぶ頭の整理ができ始めました」

Cさんは言った。

C：「中計づくりに対する新しい発想ですね。現場だけでなく、私たち経営企画も常に新しいアプローチにチャレンジ、トライアンドエラーしろというわけですね。納得です」

S君は言った。

S：「筋書きはわかりました。でも肝心の行動の選択と集中についてどうすれば良いのかイメージできません」

M課長が続いた。

M：「確かにS君の言うとおりだ。概念的にはわかるが、具体的なイメージがつかめない。製品や事業の選択と集中であれば、収益性とか将来性を評価して経営資源配分の優先順位を決めていけばいいのだが」

Cさんは言った。

C：「部長、部長は何かアプローチの方法をすでに知っているのでしょう？　早く教えてくださいよ」

部長は言った。

B：「経営のやり方に正解はない。いつも試し続けて、その時代、その組織、その事業に適したやり方を模索し続けていくものだ。だから、正解というわけではないが、一つの面白いアプローチ方法がある。顧客から見た価値の最大化に向けて、行動を選択・集中していくというやり方だ」

部長は続けた。

B：「ビジネスでは勝たなければならない。勝つということは、顧客が、他社ではなく当社の製品、サービスを選んで買ってくれるということだ。だから、『なぜ、顧客は他社でなく当社の製品、サービスを買って下さるのか』をとことん突き詰めて極めることでビジネスに勝てる」

M課長が言った。

M：「顧客から見た価値を最優先させた戦略をつくるということですね。つまり、顧客価値をベースにした勝ちパターンですね」

部長はつづけた。

B：「その勝ちパターンは大きく6つに分類される。日本企業を含めて、世界で元気な企業はそれぞれの勝ちパターンが外部の人から見ても明確でぶれていない。一方、ダメな企業はどの勝ちパターンなのかがはっきりしていない」

S君は身を乗り出して言った。

S：「もう少し、くわしく説明していただけますか？」

部長はファイルからマトリックス表を出して説明を始めた。

B：「6つの顧客価値大陸があると思って下さい。第1の大陸は、ダントツオンリーワン大陸です。世界初、市場初のダントツ製品ばかりを世に送り出して商売している浜松ホトニクスのような会社です。真似できそうもありません」

部長はさらに説明をつづけた。

B：「第2は、匠（たくみ）型大陸だ。顧客は機能・性能など、中身の差に価値を置いて選んでくれる。当社のような部品会社はこの大陸で勝負したいと思っている。それから、第3はソリューション大陸だ。顧客は自分たちの問題を良く知っていて、提案解決してくれる企業を選ぶ。第4は汎用大陸だ。家電製品など、差別化されていない製品・サービスを売っている。ここでの顧客価値は3つしかない。安い、便利、安心のいずれかで他社以上であれば選んでもらえる。第5は、ベストパートナー大陸だ。優良大型顧客に対して、運命共同体的に全身全霊で絶対的信頼で選んでもらう。最後の第6はこだわり大陸だ。ブランドビジネスが多い。顧客の好き嫌いにマッチして選んでもらえる。ヴィトンが好きな人はヴィトンを、グッチが好きな人はグッチを選ぶ。理性の左脳ではなく、感性の右脳で勝負する大陸だ」

Cさんは言った。

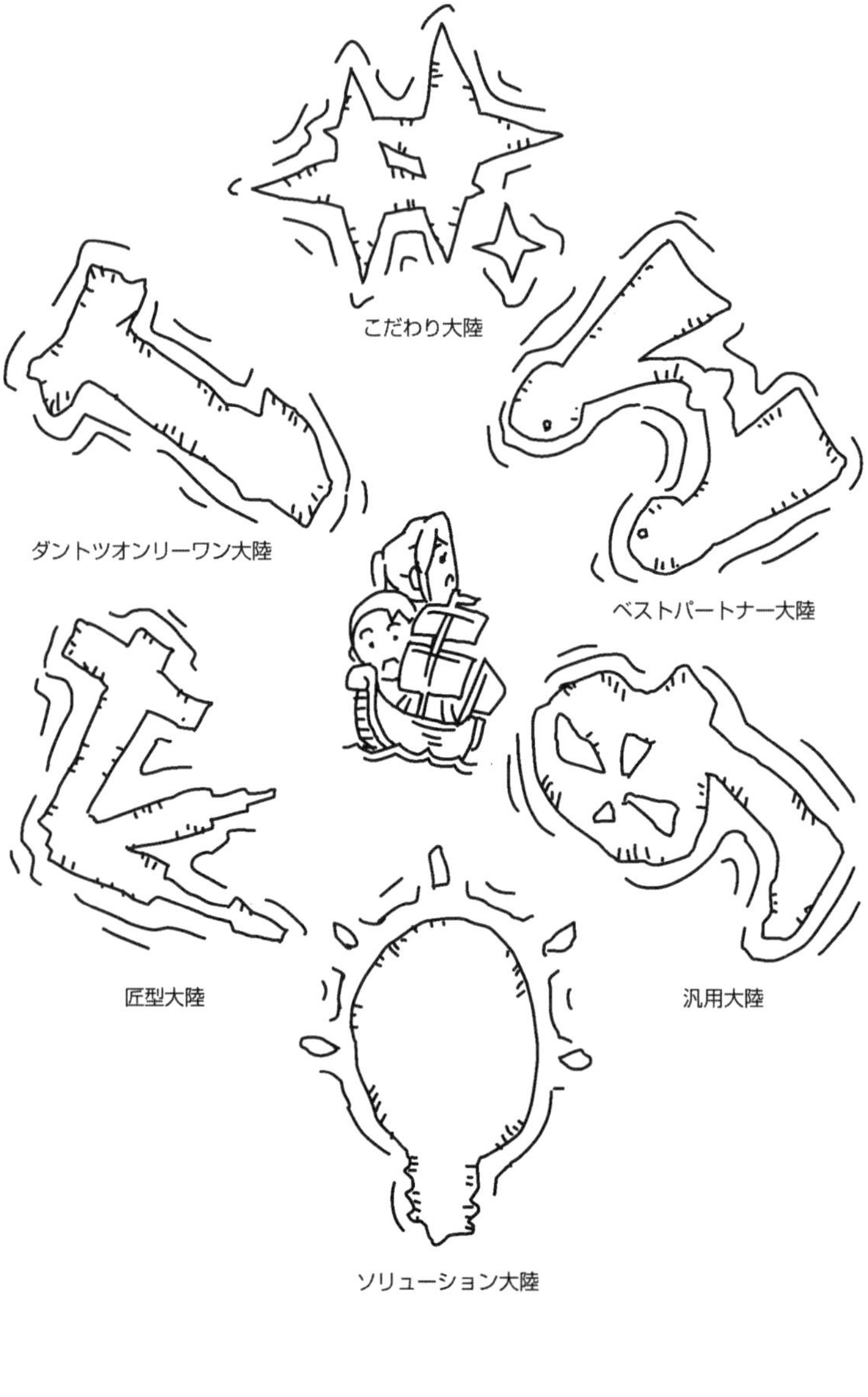
こだわり大陸
ダントツオンリーワン大陸
ベストパートナー大陸
匠型大陸
汎用大陸
ソリューション大陸

C：「まだ、6つの勝ちパターンを十分理解できたわけではありませんが、当社もどこかの大陸の勝ちパターンに絞り込むことで、その大陸に連動した戦略的行動を選択・集中できるということでしょうか？」

M課長が言った。

M：「今まで、行動というと、挨拶、報連相、顧客へ即回答とか一般的な基本行動の話ばかりでしたが、これはまさに戦略的行動の選択と集中という凄い話ですね」

3.4 そうだ、行動の選択と集中で忙酔病から脱出できる

S君は言った。

S：「手順としてはまず、当社が戦う顧客価値大陸を決めますね。そうすると、その大陸で勝つための戦略行動の要件とか定石とかがあるわけですね。それに沿って各自が動けば行動の選択と集中ができるということですね」

Cさんが言った。

C：「社員の行動についていつも混乱していました。無駄な行動が多いからもっと考えて無駄な行動をするなといわれます。また、これとは反対に、無駄な動きから新しいことのきっかけを掴むことができる。無駄な動きをもっと奨励するべきだという話もあります。でも、当社が戦うべき顧客価値大陸を決め、そこで優先すべき行動が共有されれば、一見無駄な動きがとても重要な動きだったり、一般的には重要だと言われていた行動が優先順位の低い場合もあるっていうことですよね」

M課長は言った。

M：「部長は当社はどの大陸で戦うのがいいとお考えですか？ そして、その場合、社員

の行動の選択と集中というのはどういうイメージになるのですか?」

M部長は言った。

M:「当社は部品事業をやってきた。これからも部品の製造販売事業に変わりはないが、顧客価値としてはソリューション大陸で戦うべきだと思っている。単に製品が安いとか品質がいいということで販売するのではなく、顧客が抱えている問題のソリューションを提案して、結果として当社製品が売れる。単品でもいいし、顧客が望めば周辺の部品、ソフトを組み込んで小さなシステムとして納入してもいい」

S君が言った。

S:「部長は、例えばキーエンスのようなセンサー部品をソリューション型で売っているのをイメージしているのでしょうか。それなら、私も大賛成です」

部長は言った。

B:「キーエンスもその一つだが、もっとソリューション型の奥は深い。当社はキーエンスを超えるようなソリューション型のビジネスをしたい」

Cさんが言った。

C:「だいぶイメージができはじめました。ソリューション型でいくとして、その場合の戦略的行動、あるいは行動定石とはどんなものなのでしょうか?」

部長は一気にまくしたてた。

B：「当社としての戦略行動はこれから構築していけばいいわけだが、その中に絶対譲ってはならないいくつかのポイントがある。一つは、徹底した顧客熟知の行動だ。他社以上に、いや相手の顧客以上に顧客のことを熟知しなければならない。そのためには、通り一遍の情報収集や、社内ミーティングではダメなはずだ。当社として、他社にはない、あるいはできない顧客熟知の行動をつくり込まなければならない。しかし、それができれば絶対的な強さを獲得することができる。もう一つはリピートを重ねる行動だ。ソリューション型のビジネスは相手の問題に対応するから、何かと手間暇がかかる。初めてのお客様の場合、必ずコスト超過になるはずだ。だからこそ、同じネタで繰り返し多くの企業に水平展開してリピートを重ねなければ儲からない。少くともこのような行動が定石として当社に共有できれば勝てるし、儲かる」

S君は言った。

S：「部長、すごい勢いで話されましたね。部長の強い思いが伝わってきました。イメージもかなりはっきりしてきました。私もソリューション大陸で世界に存在感を示したいと思います」

Cさんも言った。

ソリューション大陸

C：「〝動き〟を頂点にした、三角錐型の中計をつくるというのはこういうことだったのですね。行動の差別化、行動の選択と集中こそ当社の生きる道というわけですね。イメージできました。納得です。こうしてみると、いままでの中計は一体なんだったのでしょうね」

4. 〃動き〃の〃胆識〃共有化

〃動き〃は単なる知識や第三者的な見識とは次元の違う〃胆識〃が原動力となって生まれる。日本企業では、個人の〃胆識〃ではなく、集団の〃胆識〃として共有されて初めて社内に〃動き〃が出る。

〃胆識〃を共有化して勝つ！

4.1 頭で理解しても〃動き〃にならない

M課長は言った。

M：「6つの顧客価値の大陸から一つを選んで、そこに上陸して、そして、その大陸で勝つための行動定石に絞り込んで徹底するような中計をつくれば当社の将来が開けるということはわかりました。だから、そういう中計を経営企画の私たちがリードしてつくればいいわけですね」

M課長はさらに自分自身に質問をなげかけるように続けた。

M：「これで、今までとは違って、勝てそうな中計、儲かりそうな中計、元気の出る中計の中身はつくれるわけですが、中身さえ良ければ皆が理解して動くのだろうか？」

Cさんが言った。

C：「中身のある中計をつくって社員が頭で理解したとしても、それが行動に落とし込めるという保証はないように思います。ロジックや理屈が通っていても、簡単には社員は動きそうもない」

部長は言った。

B：「M課長もCさんも、中計の中身の話から、つぎのステージとして、いかに社員が徹底して行動できるかの議論に入っているわけですね。まさに、この難関を突破しなければ、どんなに中身の濃い中計をつくっても、再び数字だけが独り歩きすることになってしまう」

S君は言った。

S：「動く、動かないということについて面白いロボットの話があります。20年くらい前の話ですが、当時アメリカのマサチューセッツ工科大学（ＭＩＴ）で月面探査ロボットの研究をしていました。多くの他の大学は中枢型ロボット方式を研究していました。中枢型というのは、高性能のコンピュータを搭載して、各部分のセンサーからの情報をインプットして、コンピュータで総合的に判断して、手足を動かすというものです。しかし、うまくいきませんでした。理由は解読できない情報が一つでも入ってくるとフリーズ、つまり固まって動かなくなってしまうのです。MITでは中枢型を捨て、昆虫型のロボットを開発したのです。昆虫型というのは、コンピュータで情報を分析して、判断して、手足に指令を出すのではなく、手や足の各部分が反射的に勝手に動くようにプログラムされたものです。何か障害物にぶつかったら、反射的に左に動く、またぶつかったら右に動くという単純なものです。本能に近い〝動き〟です。このほうが、フリーズしないで動き回り、障害物を乗り越えて進むことができるわけです」

M課長は言った。

M：「それで、S君は何を言いたいの？」

S君は言った。

S：「つまり、うちの社員は理屈っぽくて、チョットした壁にぶつかるとフリーズしてできない理由を並べる、いわば中枢型ロボットのような人が多いように思うのです。だから、筋の通った中計をつくっただけではダメで、ごく単純明快な行動モデルを示してやらないと動かないのではないでしょうか？」

Cさんは言った。

C：「つまり、当社の社員を動きの悪い中枢型ロボットから、動きのいい昆虫型に変える

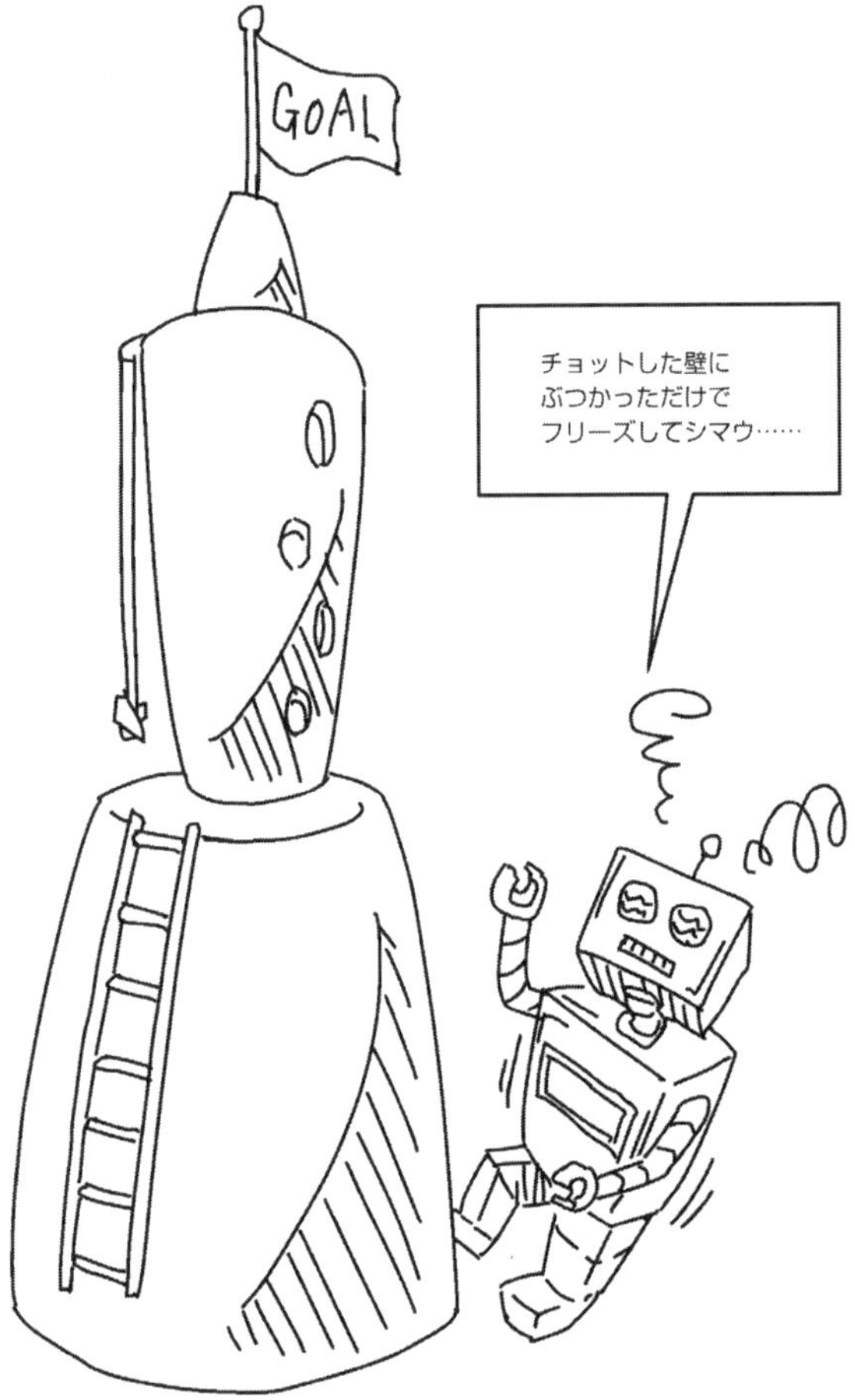
GOAL
チョットした壁に
ぶつかっただけで
フリーズしてシマウ……

ような中計をつくる必要がある。そして、そのためには、勝つための行動を十分考え抜いた末に、それを極めて単純明快に表現して、いちいち考えずに反射的に行動できるようにしなければならないということですか？」

部長が言った。

B：「昆虫型ロボット集団か。非常に面白い概念だね。確かに、〝動き〟のいい優良企業では、社員全体が昆虫のように、常に動き回って新しい製品やサービス、改良、改善をしているように思える。当社の社員を動きのいい昆虫型ロボットにするような中計づくりをしようじゃないか」

4.2 〝胆識〟が必要だ

部長が言った。

B：「いくつかの単純な行動に落とし込んで、社員が昆虫型ロボットのように反射的に動くようにつくり込む必要性はわかった。他に中計の具体化に向けて社員を元気に動かす方法はあるかな」

Cさんは言った。

C：「欧米企業ではトップダウンで強力に進みますよね。動かない奴はクビにできるから、皆必死で自分の与えられた責任、ノルマを達成するために行動するわけですが、日本企業の場合、個人個人への締め付けが緩いように思うのです。だから、社員が自発的、能動的に動くのを待つしかない」

S君は言った。

S：「Cさんの言う通りのようです。この前、ある外資系の企業を退職して、日本の大手企業に転職した友人が同じことを言っていました。外資系にいたときは、個人としての自分にかかるプレッシャーが凄かったらしいです。日本の企業にきたら、びっくりするほど緊張感が全くないと言っていました。やらなくても追い出されないなら、無理してやる人は一握りの出世志向の人だけでしょう。最近は出世志向の人が少ないし」

B：「われわれ経営企画部は、中身の濃い中計をつくりそれを各部門に丸投げするのではなく、それを社員が具体化するところまで、つまり社員を動かすところまで責任があると思うのです」

M課長が言った。

M：「動かすか……。動かすといえば、〝胆識〟でしょう」

Cさんは聞いた。

C：「〝胆識〟ってなんですか。はじめて聞く言葉ですが」

M課長は得意げに説明をはじめた。

M：「〝胆識〟というのは、一言でいえば十分理解、納得して、文字通り胆（はら）に落ちた考えのことです。昭和の思想家として有名な安岡正篤（やすおか・まさひろ）の名言として残っています」

S君は言った。

S：「なにか古臭そうですが、大丈夫ですか？」

M課長はつづけた。

M：「人は本を読み、教えられたりして知識を獲得します。その知識は自らの体験、経験と結びついて一段上の見識になります。見識はその人の判断力のもととなります。さらに見識は、その人が大きな問題に直面して、自らの問題として考え抜くことによって〝胆識〟となります。〝胆識〟は、しっかり胆《はら》に落ちて、自分自身の問題として決意と覚悟を伴った行動力に直結するもので、見識のさらに一段上に位置するものです。行動に直結するのは、知識でもなく、第三者的な見識でもなく、自分自身の問題として考え抜いた結果としての〝胆識〟だけなのです」

S君は課長に向かって言った。

S：「M課長は博識ですね。欧米志向一辺倒かと思っていましたが、日本のことも良く勉強されていますね。意外でした」

Cさんは言った。

C：「〝胆識〟っていい言葉ですね。これからいろいろなところで使えそうです。とくに〝動き〟で差別化していかなければ生き残れない当社の全社員に〝胆識〟を持ってもらわなければならないわけですね。でも、〝胆識〟は追い込まれて、考え抜かないと見識が〝胆識〟化しないのですよね。だったら、社員を追い込む状況をつくらなければ〝胆識〟は持てないっていうことじゃないですか。そんなことどうやるわけ？」

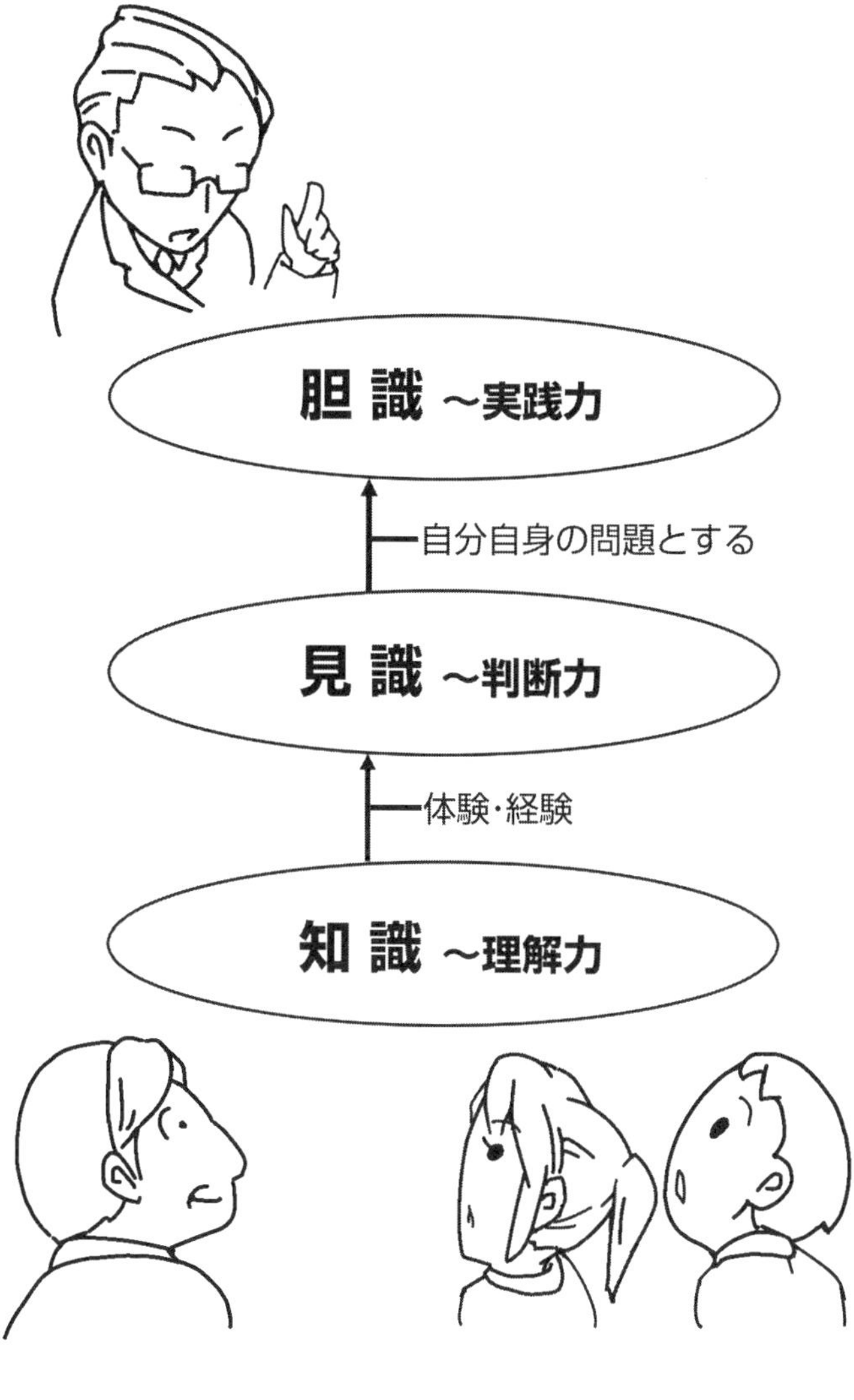
胆識 ～実践力
自分自身の問題とする
見識 ～判断力
体験・経験
知識 ～理解力

4.3 集団の〝胆識〟共有化だ！

部長は言った。

B：「Cさんの言う通りだね。追い込まなければ〝胆識〟にならない。日本企業は社員個人を追い込むことはあまりしない。だから社員は〝胆識〟を持っていない。〝胆識〟を持っていないから、言われたことを素直に実行することはするけれど、新しいこと、結果が見えてないことへのチャレンジ、トライアンドエラーの行動は誘発されない。まさに、真面目で受け身のつまらない集団になっている」

Cさんは言った。

C：「それに加えて、すでに議論したように日本企業は本能として情報や考え方を共有しないと動かないのですよね。だったら、〝胆識〟も個人でなく集団として共有しなければ意味がないことになります」

M課長は言った。

M：「〝胆識〟を集団として共有化する方法なんてあるんですか。反対に、その方法がなければ、どんなに中身の濃い中計をつくっても具体化の動きがでないということですよね」

部長は言った。

B：「その通りだと思う。いくら素晴らしい中計をつくっても、それが集団としての〝胆識〟となるような仕掛けを組み込んでおかなければ決して中計が具体化されることはない。集団が共有できる〝胆識〟となるような仕掛けをどう組み込めるかが大きな課題だ。この課題を越えなければ当社の経営企画部としての存在価値はない」

S君はつぶやくように言った。

S：「やれやれ、中計の中身については『戦略行動の選択と集中』ということで、これで行ける、一件落着だと思ったが、今度は〝胆識〟の集団共有化という新たな難題ですか。当社では経営企画部がそこまで面倒をみなければならないということですね。わかりました。でも、そんな方法論は世の中にあるのですかね」

M課長は言った。

M：「私もS君と同じように、そんな方法論はないように思います。中計づくりの定石として、まず、世界、国、当社を取り巻く経営環境、動向を調査、分析します。外部環境分析というやつです。次に、当社の強み、弱み、さらに抱えている問題、課題の抽出をして、整理します。これは内部環境分析と呼ばれています。外部環境と内部環境を突き合わせて、3年後に向けて当社としてこうするのが一番いいですよ、というのをまとめて中計にするわけです。このように、しっかりと客観的に分析し方向付けする以外に方法はないと思います」

部長が言った。

B：「M課長の言ったことは経営の教科書に書かれている常識としては正しい。しかし、調査、分析を先行させる客観的な中計のつくり方では決して〝胆識〟にはならない。トップダウンで動かすことが当たり前な欧米企業ではそのようにしてつくった中計が問題なく動くが、日本企業では決して動くことはない」

Cさんが言った。

C：「部長はその方法論を知っているのでしょう？　じらさないで早く教えてくださいよ」

部長が言った。

B：「イギリスのある学者が唱えていることを私なりに経営計画づくりに当てはめると、こんなことだ。今の経営計画のつくり方は、調査・分析先行型だ。これは、デカルト以来の自然科学の方法論を経営の世界に持ち込んだものだ。しかし、多様な価値観と思考方法を持つ人間が集まっている企業という組織は自然界とは全くちがう。そこに自然科学の方法論を持ち込むこと自体に問題があるわけだ。客観性より、当事者の主観を大切にするべきだ。また、調査分析を先行させるのではなく、企業で働く当事者達の思い、あるいは意思を先行させるべきだ。さらに、客観性による説得ではなく、当事者達の納得を最大のポイントとすべきというものだ。私は、この方法論がいま議論している〝胆識〟の集団共有化に使えると確信している」

M課長は言った。

M：「たしかに米国発のMBAは何でも分析先にありきですね。最近ではビッグデータの分析と称して、コンピュータを駆使した市場戦略づくりが大人気です。それに対して、英国は渋いですね。暇なのか、考えが深い」

Cさんは言った。

C：「部長、すごく面白いです。もう少し話を先に進めてください」

部長はつづけた。

B：「この方法論は日本企業が得意なワイガヤ討議に似たところがたくさんあります。ただ、大きな違いは、議論をするメンバーが顧客や現場と向き合う中で、しっかりした問題意識を持った人たちということだ。普段から崖っぷちに立って、いろいろ真剣に悩んでいる人達でないと〝胆識〟を共有するまでには至らないでしょう」

S君は言った。

S：「ということは、中計の中身をつくる段階で、経営陣と現場の板挟みになって、ノルマ達成に向けて崖っぷちで頑張っている、そして問題意識の高いリーダークラスを何人か集めて〝胆識〟のたたき台のようなものをつくり込めがいいわけですね」

M課長は言った。

M：「たしかに、リーダークラスが〝胆識〟を共有化すれば組織全体での共有化を進めやすい」

部長は言った。

B：「このやり方で進めると、議論の累計時間が20時間を越えたくらいのところで大きな壁にぶちあたるそうだ。議論がぐるぐる回り始めて、完全に空回りしてしまうらしい。普通のタスクフォースの場合はここで止めて解決すべき根本的な課題としてまとめて、『抜本的な見直しと改革が必要』などと先送りの答申を出すわけだ。我々の場合は集団の〝胆識〟を目的とするのだから、ここからが本当の勝負ということで、さらに徹底した議論をするわけです。そして、討議の累計が50時間くらいになってやっと〝胆識〟にたどりつくということです」

S君は言った。

S：「デスマッチで、〝胆識〟になるまで徹底議論というわけですね」

部長は言った。

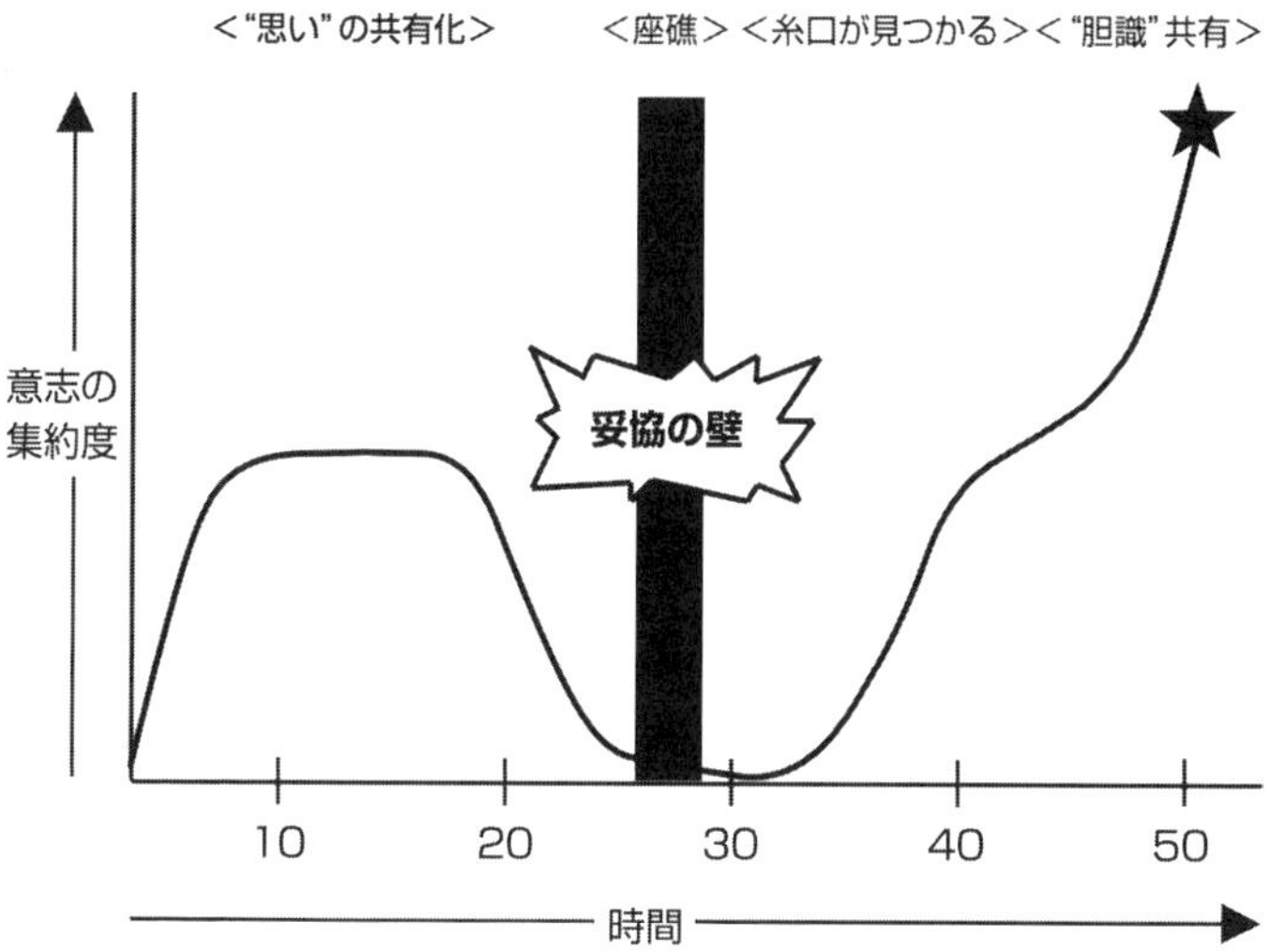
<“思い”の共有化>
<座礁>
<糸口が見つかる>
<“胆識”共有>
意志の集約度
妥協の壁
10
20
30
40
50
時間

議論は２０時間からが本当の勝負！

B：「50時間の議論のイメージとしては、古いアメリカ映画に『12人の怒れる男』という裁判の映画がありましたが、そんなイメージです。S君やCさんは知りませんよね」

4.4 50時間の徹底した意思の擦り合わせで〝動き〟の中計をつくる

部長が言った。

B：「ずいぶん長い会議をしてきたけれど、どうやら次期中期経営計画の中身と策定方法について方針らしいものができ上がったように思います」

Cさんは言った。

C：「はじめは一体何が問題なのかも整理できていませんでしたが、なんとなくすっきりしました。納得です。今までの中計って、一体何だったのでしょうね。こんなこと言ったら経営陣に怒られますけれど」

S君も言った。

S：「次期中計も現在の中計と同じような内容、同じような手順でつくればいいと思っていました。それなら前に一度経験があるし、楽だなーと考えていました。でも、次期中計の中身とつくり方は全くのチャレンジなので身の引き締まる思いです。中計の中身を〝動き〟を軸に戦略的に組み立てるなんて、大変そうですね。でも面白そうです」

M課長が言った。

M：「何か、私が学んできたMBAコースの全てを否定されたような感じです。これまで間違いないと信じていたものがガラガラと音を立てて崩れてしまいました。でも納得です。当社には当社の社員達、当社の組織風土、価値観に合致した戦い方があるわけで、一律MBAコースが正しいわけではないのですから」

部長が言った。

B：「M課長、今日の議論は決してMBAコースの内容を否定するものではないと思います。例えば、当社が海外拠点を拡大するとして、この拠点のマネジメントにはMBA的なアプローチが効果的なはずです。今日、議論したのは日本人の組織をどう動かすかということです。私は、経営陣と経営企画部の人全員がMBAコースの中身を一通り勉強すべきだと思っています。ただ、その通りに適用するかどうかは、その組織なり、人なりの特性、DNAを十分考慮するべきだと言っているのです。組織の特性や、DNAは一朝一夕には変わりません。変わらないという前提で中計をつくる必要性を感じるのです」

M課長が言った。

M：「部長、お心づかい有難うございます。最後に私が今日の会議の中身を整理して終わりにしたいと思いますがよろしいですか？」

部長は頷いて言った。

B：「M課長、まとめをお願いします」

M課長は会議中にとったメモを見ながらまとめに入った。

M：「まず、次期中計は当社の社員にとって元気の出る中計にすること。

そのためには、ビジネスで勝てる気のする中計、儲かる気のする中計であること。

さらに、重要なことは、当社の戦略の基軸を社員の〝動き〟に置き、進化・変化のスピードで世界と勝負できる企業になること。以上が基本スタンスです」

M課長は続けた。

M：「〝動き〟で勝負するためには、世界の競合との間で行動の差別化が必須です。当社ならではの〝動き〟の差別化を組み込みます。

さらに、顧客価値の大陸を決め、そこでの戦略的行動の選択と集中を行ないます。現在の超多忙、忙酔病を克服し、新たなチャレンジへと全社員を誘うために必須です。以上が次期中計に組み込む中身です」

部長、S君、Cさんは長かった会議を振り返りながら頷いた。

M課長が続けた。

M：「最後に、中計を確実に具体化させるために、次期中計の中身を〝胆識〟として共有化します。そのために、従来の分析先行の中計づくりの方法論ではなく、崖っぷちのリー

・進化・変化のスピードで世界と勝負
・行動の差別化および、選択と集中
・５０時間の討議で“胆識”の共有化

ダー達を集めて、納得、〝胆識〟化するまで徹底した50時間の討議を行ないます。以上が中計づくりの体制です」

皆、頷いた。時計は12時をまわっていた。

ディスカッション――〝形〟の戦略論から〝動き〟の戦略論へ

A大学のビジネススクールの滋賀教授は、卒業生と3カ月おきに定期的な勉強会を自分のオフィスで開催している。卒業生はいろいろな業種で中堅社員として現在活躍している。中には、転職した人も何人かいる。滋賀教授とその教え子6名の勉強会でこの〝動き〟で中計をつくる物語が取り上げられた。

勉強会メンバー：

滋賀教授：　A大学ビジネススクール教授
早乙女君：　アパレル会社の営業部長
宮田君：　電機会社ソリューション営業部長
木村君：　ゲームソフト会社経営企画部グループリーダー
石坂さん：　人材派遣会社人事部長
小西君：　医療サービス会社営業グループリーダー
綾戸さん：　ペット用品会社の商品企画部グループリーダー

行動と〝動き〟の違いって何だ？

滋賀教授が一通り〝動き〟で中期経営計画をつくる物語を終えると、まず、業界競争の激しいペット用品会社の商品企画部に勤める綾戸さんが言った。

綾戸：「物語の中で行動という言葉と、〝動き〟という言葉が混在して出てきているように感じたのですが、その違いは一言でいうと何なんでしょうか？」

ゲームソフト会社の経営企画で頑張っている木村君も続いた。

木村：「多分、戦略的な行動を〝動き〟と言って、普通名詞の行動、アクションとは区別しているのかなと思って聞いていました。でも、まだすっきりしません」

滋賀教授は想定されていた質問だというように説明を始めた。

滋賀：「わたしも、この物語を読み始めた当初は、特に気にせずに漠然と行動と〝動き〟を一緒のものと捉えていた。しかし、物語を読み進むにつれて、そこには大きな違いがあることに気が付いた。そこが、この物語の核心だ」

電機会社のソリューション営業部の宮田君は言った。

宮田：「わたしも、何となくはわかるのですが、明確に言葉で説明できません」

滋賀教授は続けた。

滋賀：「木村君が言うように、戦略的な行動が〝動き〟、一般的なアクションを行動という具合に使い分けているように思います」

成長著しい医療サービス分野で働く小西君は言った。

小西：「戦略的ということは、何かの目標に向けての行動ということですね」

滋賀教授は言った。

滋賀：「〝動き〟には2つの要素が必要です。一つは顧客価値づくりに向けた個々の行動群。情報収集だとか、コンセプトづくりなどの行動だ。もう一つは、それらの個別行動を鎖のようにつなげて、儲けに至るトライアンドエラーの流れをつくること。この2つが揃って、戦略的行動、つまり〝動き〟ができあがる」

綾戸さんは言った。

綾戸：「ひとことで言えば、〝動き〟とは儲けに至る、一連のトライアンドエラー行動の流れということですね。そして、その一連の流れから外れた行動を捨てれば、超多忙から脱却できる。それが、行動の選択と集中ということなのですね」

滋賀教授は言った。

滋賀：「その通り。その一連の行動の流れを、自社の事業について明確にして、社員が共有化すれば、進化・変化のスピードで世界に勝てるということだ。そして、レッドオーシャンではあるが、今より、少し楽に、そして仕事が楽しくなるというわけです」

〝動き〟の戦略論という切り口が新鮮だ！

アパレル業界に勤める早乙女君が物語の感想を言った。

早乙女：「物語の中で、〝形〟の戦略論と〝動き〟の戦略論が出てきましたね。確かに、米国企業では明確な事業の〝形〟（大きさ、戦う土壌、しくみの三角形）を目標にして、トップダウンで一気に3年で達成します。一方、日本企業は〝形〟がグズグズだけれども、一時はGDP世界2位まで上り詰めました。なぜなのか？　その説明の根拠として、この〝動き〟の戦略論という切り口には私もハッとさせられました。MBAコースでは〝形〟づくりと、その具体化（インプリメンテーション）を勉強してきましたからね」

滋賀教授は言った。

滋賀：「物語の中では日本企業の本能だと説明されていたけれども、さらに付け加えるとすれば、日本人と欧米人の行動パターンに大きな違いがあると思います。欧米やその他の外国人社会は、行動する前に着地点としての明確な設計図、〝形〟と、自分の責任と権限がはっきりしないと動けない。いや、動いてはいけないと幼少の頃より叩き込まれている。そのような設計図のない行動は間違っていると。だから、明確な中計とか、明確な事業の設計図がないと彼らは完全にフリーズして動けない。

一方、日本人は〝形〟がなくてもヘッチャラでとりあえずやっちゃう。『とりあえず』

とか『それはそれとして』とか言いながら、試行錯誤を繰り返すことができる。動いているうちに突破口を見つけてしまう。まさに、昆虫だ。

この能力こそ、日本企業が進化・変化のスピードで世界に勝つために天から授かった宝物というわけです。しかし、日本の経営者達はこの宝物の大きな可能性に気づいていない。なぜフル活用しないのかとこの物語は叫んでいるわけだ」

人材派遣会社の人事部で壁に突き当たっている石坂さんが質問した。

石坂：「〝形〟の戦略論から〝動き〟の戦略論へと日本企業が大転換するとして、一体何を大きく変えることになるのでしょうか？　制度も大きく変更するのですか？」

滋賀教授は言った。

滋賀：「あまり、ガチガチの制度、システムをつくるのではなく、現場に大きな裁量権を持たせる方が〝動き〟は活性化します。コンプライアンスやＩＳＯは本当に重要なことだけに絞り、必要最小限にとどめるべきですね。本社から現場へ指示する資料づくりなども三分の一くらいの重要なものだけに絞り込んだらいい」

早乙女君は言った。

早乙女：「その方向なら社員も元気が出そうですね。米国型企業が明確な〝形〟をトップダウンで進め、規模拡大のスピードで勝負するのに対して、わが日本企業は〝動き〟を共有して、規模拡大ではなく、進化・変化のスピードで世界に勝つというわけですね。先生、それだったら、米国の受け売りでなく、日本企業向けのＭＢＡコースのカリキュラムを早くつくってくださいよ」

日本企業だけが特別なのか？――「ニ」族と「ヲ」族

米国とアジアに開発拠点を持つゲームソフト会社の木村が言った。

木村：「いやー、やはり日本企業のマネジメントは諸外国の企業とは大きくちがうのですね。何となく感じてはいましたが、なるほどそういうことですか。いま米国と中国、タイ、ベトナムの４カ所に海外の開発拠点を持っているのですが、特に中国では、能力のある人を採用しても、逃げていってしまう。顔かたちが似ているから、ついつい日本と同じようなマネジメントをしてしまいますが、トラブルが多い」

滋賀教授が言った。

滋賀：「私が良く知っている経営コンサルタントが面白い切り口で企業文化を論じています。『ニ』族と『ヲ』族という切り口です」

人事部門で活躍している石坂が言った。

「おもしろそうですね。これからのグローバル人材育成の基本方針がつくれなくて困っています。ヒントになりますかね」

滋賀が続けた。

滋賀…「世界の民族は『ニ』族と『ヲ』族に分けられます。『ニ』族とは、相手ニ自分を合わせる民族です。日本、タイ、ベトナムは『ニ』族です。

反対に、『ヲ』族は相手ヲ自分に合わせる民族です。欧米、中国などほとんどの国が『ヲ』族です。『ヲ』族は自分たちのルールや制度、文化、価値観まで押し付けます。そのためには、相手との戦いに勝って覇権を取ることが必要です。そのために戦略は必須なのです。戦略志向が強いのが『ヲ』族の特徴です。一方、『ニ』族は相手に合わせることを最優先します。したがって、独自のルールや、制度に固執しません。戦略づくりも下手です。相手のルール、制度の枠組みの中で一生懸命働きます。覇権争いはしません。たまに間違って覇権争いをしても戦略志向がないから大きな戦いになると負けてしまいます」

木村は言った。

木村…「なるほど、そうだったんだ。うちの会社でもタイと、ベトナムの拠点はうまくいっているんです。その理由は、彼らが『ニ』族で日本のやり方に合わせてくれているからなんですね。なるほど……。ということは米国と中国の拠点では徹底した『ヲ』族のやり方、つまり〝形〟のマネジメントを進めなければダメということですね」

石坂が目を輝かせて言った。

石坂：「グローバル体制の基本コンセプトは、『ニ』族には〝動き〟のマネジメント、『ヲ』族には〝形〟のマネジメントを徹底するということですね。これで、スッキリ頭の整理ができました。『ニ』族の人材獲得という視点で、タイとベトナムはすごく面白そうですね。特にベトナムは食べ物も日本人に合っているそうですから、早速出張しなくっちゃ」

新興国に追われる業界の〝動き〟はどうする？

電機会社に勤める宮田が言った。

宮田：「みなさんご存知のように、家電業界は白物家電も情報家電も新興国に追い付かれ、追われまくっています。決してあぐらをかいていたわけではないのですが、今や大変な状況です。〝動き〟の戦略で何とか回復できるのでしょうか？」

滋賀教授は苦笑いしながら言った。

滋賀：「物語についての質問というより、家電業界復活のシナリオについての質問ですね。物語にもあったように、パソコンのような量産品の分野では、大きく成長して美味しい市場になってくると必ず『ヲ』族が標準化・規格化の戦略で進化・変化を止めてしまう。そうなったら勝てない。今、米国のヒューレットパッカード、デル、中国のレノボ、台湾のエイサーなど、『ヲ』族たちが例によって覇権争いに明け暮れている。日本は蚊帳の外です」

宮田が言った。

宮田：「それでは、もう家電業界では当社は勝ち目がないということでしょうか？」

滋賀は言った。

滋賀：「いや、まだ生き残る道が2つ残されている。パソコンでいえば、一つは、一般消費者向けではなく、機能、性能での進化・変化のスピードの〝動き〟で生き残れる業務用、プロフェッショナル用の分野だ。規模は捨て、進化・変化のための〝動き〟を明確に打ち出せばいい。もう一つは、新興国のメーカーに技術供与とマイナーな資本参加で提携することだ。まだまだ、武器になる技術があるはずで、それをうまく梃にして、新興国のマス市場に内側から入りこむことだ。製品・技術を梃にする〝動き〟だ」

小西が言った。

小西：「日本企業はブーメラン効果を恐れて技術を海外に出さず、抱え込み過ぎたように思います。抱え込んでいるうちに、新興国メーカーが何らかの形で類似の技術を獲得したら、その技術・製品に関わる人と設備は負の資産になってしまう。それから、技術供与しっぱなしで、それを利用して相手企業に入り込んだり、その国の市場情報を積極的に取りにいかなかったように思えます」

滋賀教授は言った。

滋賀：「その通りだね。市場は拡大しているが、技術が未熟で欲しがっている、リーダー格の新興国企業と連携すればいい。連携のタイミングが重要だ。早すぎても遅すぎてもダメだ。そして、相手がしっかり成長すれば、その関係を続けるし、だめなら、乗り換えるか自分たちで進出すればいい。そのために情報は積極的に取りにいく。これはヨーロッパ企業のやり方だ。リスクを最小化した、グローバル展開ということでもある。国内でノウハウを蓄積したコンビニや宅配ビジネスのようなサービス業もこれから面白い」

個人でなく、集団を追い込む！

人材派遣会社の人事部に勤める石坂さんは言った。

石坂：「今、うちの人事部が抱える大きな課題はグローバル人材の育成と事業を革新していくリーダー層の育成です。グローバル人材育成や組織体制については『ニ』族と『ヲ』族の話をもとに、これまでとは違った視点で展開できそうです。しかし、リーダー人材については、物語に従えば、個人を教育しても、日本企業は強くならないということですね。〝胆識〟を集団で共有化しないとダメだと」

滋賀教授は頷いて言った。

滋賀：「そういうことです。いま多くの日本企業ではリーダー層を教育すれば、組織は動くと勘違いしています。欧米企業なら責任と権限が明確で、リーダー層は与えられた権限、その中には部下の入れ替えも含まれますが、その権限を全部使い切って与えられた責任、ノルマを果たします。しかし、日本企業ではいくらリーダーシップ研修をしても〝動き〟につながるわけではありません。先が見えない中でのトライアンドエラーの行動としての〝動き〟を活性化するには、集団の〝胆識〟が不可欠です」

石坂さんが言った。

石坂：「ということは、研修のやり方も全面的に再構築する必要があるのですね」

横で聞いていた小西君も言った。

小西：「先生、集団を強くする研修や制度って何でしょうか。ズバッと言って下さいよ」

滋賀教授はズバッという表現に頷きながら言った。

滋賀：「ひとことでズバッと言えば、組織を丸ごと教育、育成することだ。幹部候補生をいろいろな部署から集める研修ではなく、現在の組織単位で、その組織のあるべき姿とそのための〝動き〟を〝胆識〟として徹底的に共有するような組織丸ごと研修をやったらいい。そのためには、個人ではなく、組織を丸ごと崖っぷちに追い込むことが必須だ」

滋賀教授は続けた。

滋賀：「組織を崖っぷちに追い込むためには、業績評価のやり方も、組織成果を7割、個人成果を3割くらいのイメージがいい。そして、個人成果の中身も組織への貢献を高く評価するようにすればいい」

石坂さんは言った。

石坂：「ということは、人事も評価制度や人材開発について新たなアプローチ、方法を試行錯誤し続けて、進化・変化させなさいということですね。それが、人事部門の〝動き〟なのですね。わかりました、まずは組織丸ごと研修から社内提案してみます」

勉強会は盛り上がり、お酒も入り教え子たちの熱い議論は続いた。滋賀教授はいつしかウトウトと心地よい眠りに入っていった。

［著者紹介］
水島温夫（みずしま・あつお）
東京都出身。慶應義塾大学機械工学修士、米国スタンフォード大学化学工学修士および土木工学修士。石川島播磨重工業株式会社、株式会社三菱総合研究所を経て、フィフティ・アワーズを成立、代表取締役。製造業からサービス業にわたる幅広いコンサルティング活動を展開している。著書『50時間で会社を変える！』（日本実業出版社）、『「組織力」の高め方』（ＰＨＰ研究所）、『50時間の部長塾』（生産性出版）ほか多数。
ご意見・お問い合わせ
mizushima@50hrs.co.jp
フィフティ・アワーズ
http//www.50hrs.co.jp

装丁……佐々木正見
イラスト＋ＤＴＰ組版……出川錬
編集協力……田中はるか

わが社の「つまらん！」を変える本①
中期経営計画が「つまらん！」
戦略的な“動き”はどこに消えた？

発行日◆2013年10月15日　初版第1刷

著者
水島温夫

発行者
杉山尚次

発行所
株式会社**言視舎**
東京都千代田区富士見2-2-2　〒102-0071
電話03-3234-5997　ＦＡＸ03-3234-5957
http://www.s-pn.jp/

印刷・製本
㈱厚徳社

ISBN978-4-905369-72-1　C0334